Deutsches Handelsrecht

Ein Handbuch für den praktischen Gebrauch
mit Anmerkungen aus der Rechtsprechung

Von

Dr. Werner Heun

Landgerichtsdirektor in Berlin

Nachtrag

Stand bis 1. Dezember 1941

1942

J. Schweitzer Verlag, Berlin und München

Druck von Dr. F. P. Datterer & Cie., Freising-München.

Übersicht des Inhalts.

A. Handelsgesetzbuch und ergänzende Bestimmungen.

1. Verordnung über Firmen von entjudeten Gewerbebetrieben.

Vom 27. März 1941 (RGBl. I S. 177).

Abgedruckt auf S. 1548.

2. Durchführung der Verordnung über Firmen von entjudeten Gewerbebetrieben (§ 4 VO. vom 27. März 1941).

AV. d. RJM. vom 27. 3. 1941 — DJ. S. 459.

Die Verordnung über Firmen von entjudeten Gewerbebetrieben vom 27. März 1941 — RGBl. I S. 177 — bezweckt die Entfernung von Namen früherer jüdischer Inhaber oder Gesellschafter aus Firmen. Soweit es sich um Gewerbebetriebe handelt, die auf Grund der Entjudungsgesetzgebung entjudet worden sind, ist von den zuständigen Behörden die Übernahme des Betriebs durch den nichtjüdischen Erwerber nach § 15 der VO. über den Einsatz des jüdischen Vermögens vom 3. 12. 1938 — RGBl. I S. 1709 — meist nur unter der Auflage genehmigt worden, daß der Erwerber die Namen früherer jüdischer Inhaber oder Gesellschafter aus der Firma entfernt. Die Namen früherer jüdischer Inhaber oder Gesellschafter finden sich heute im allgemeinen nur dann noch in Firmen, wenn der Gewerbebetrieb vor Einführung der behördlichen Genehmigungspflicht (Artikel I der Anordnung auf Grund der VO. über die Anmeldung des Vermögens von Juden vom 26. 4. 1938 — RGBl. I S. 415 —) entjudet worden ist oder wenn die zur Erteilung der Arisierungsgenehmigung zuständige Behörde von einer Auflage betr. Änderung der Firma abgesehen hat. Für diese Fälle greift die vorliegende Verordnung ein. Der deutsche Kaufmann soll in Zukunft nicht mehr unter dem Namen eines früheren jüdischen Inhabers oder Gesellschafters Handel treiben. Im einzelnen weise ich auf folgendes hin:

1. Als Übernahme eines jüdischen Gewerbebetriebs ist nicht nur der Fall der Übertragung des jüdischen Gewerbebetriebs im ganzen, sondern auch der Fall anzusehen, daß jüdische Gesellschafter aus der Gesellschaft ausgeschieden oder jüdische Beteiligungen an nichtjüdische Gesellschafter übertragen sind. — Zur Bildung einer neuen Firma ist der Inhaber der Firma verpflichtet, wenn er in der Firma den Namen eines früheren jüdischen Inhabers oder Gesellschafters führt (§ 1 Satz 1 VO.). Es kommt

nicht darauf an, ob es sich um einen jüdisch klingenden Namen handelt. Entscheidend ist allein, daß die Firma den Namen eines früheren jüdischen Inhabers oder Gesellschafters enthält. Die Verordnung ist nur auf Personenfirmen und gemischte Firmen anwendbar; ihre Anwendung wird jedoch nicht dadurch ausgeschlossen, daß der Name eines früheren jüdischen Inhabers oder Gesellschafters in abgekürzter Form in der Firma geführt wird (vgl. Nr. 5).

2. Ob der frühere Inhaber oder Gesellschafter Jude war, richtet sich nach § 5 der Ersten VO. zum Reichsbürgergesetz vom 14. 11. 1935 (RGBl. I S. 1333). Zur Bildung einer neuen Firma besteht nur dann eine Verpflichtung, wenn feststeht, daß der frühere jüdische Inhaber oder Gesellschafter, dessen Namen die Firma enthält, Jude ist. Von den Registergerichten kann im allgemeinen zunächst die Anmeldung abgewartet werden. Gewisse Fälle, die zu einer Neubildung der Firma Anlaß geben, werden den Registergerichten ohnehin bekannt sein. Im übrigen wird von den Registergerichten in der Regel mit den Industrie- und Handelskammern in Verbindung zu treten sein.

3. Nach § 1 Satz 2 VO. kann das Registergericht auf Antrag die für die Entfernung der Namen früherer jüdischer Inhaber oder Gesellschafter aus Firmen vorgesehene Frist von 4 Monaten angemessen verlängern. Ein Grund für die Verlängerung der Frist kann z. B. gegeben sein, wenn Hindernisse rechtlicher Art entgegenstehen oder wenn die Neubildung der Firma innerhalb der vorgeschriebenen Frist für den Betrieb unverhältnismäßig großen Aufwand an bewirtschafteten Roh- und Werkstoffen mit sich bringen würde. Bei der Zulassung einer Fristverlängerung ist zu beachten, daß die VO. Ausnahmen von der Verpflichtung, die Namen früherer jüdischer Inhaber oder Gesellschafter aus der Firma zu entfernen, nicht vorgesehen hat. Nach § 2 Abs. 2 der VO. können allein die für die Durchführung der Entjudung zuständigen Verwaltungsbehörden auf Antrag zulassen, daß die bisherige Firma neben der neuen Firma mit einem das Nachfolgeverhältnis andeutenden Zusatz während der Übergangszeit fortgeführt wird. Es entspricht daher grundsätzlich nicht dem Sinn der Verordnung, wenn das Registergericht nach § 1 Satz 2 VO. Fristen von längerer Dauer bewilligt. Vielmehr wird es in solchen Fällen angezeigt sein, daß sich das Registergericht zunächst mit der zuständigen Verwaltungsbehörde in Verbindung setzt. Nur wenn die im § 2 Abs. 2 VO. vorgesehene Möglichkeit, die bisherige Firma neben der neuen Firma mit einem das Nachfolgeverhältnis andeutenden Zusatz während einer Übergangszeit fortzuführen, nicht ausreichen sollte, kann Anlaß zur Gewährung einer längeren Frist nach § 1 Satz 2 VO. gegeben sein. Über den 31. 12. 1942 hinaus darf eine Fristverlängerung nicht erfolgen.

4. Anträge auf Grund des § 2 Abs. 1 VO. sind mir zur Entscheidung vorzulegen. Dabei ist zu dem Antrag Stellung zu nehmen und, soweit es angezeigt ist, eine gutachtliche Äußerung der zuständigen Industrie- und Handelskammer beizufügen.

5. Soweit sich im übrigen bei Anwendung der VO. Zweifelsfragen ergeben sollten, ist mir darüber zu berichten. Die Entscheidung, ob ein in abgekürzter Form geführter Name eines früheren jüdischen Inhabers oder Gesellschafters aus der Firma zu entfernen ist, behalte ich mir vor; Nr. 4 Satz 2 gilt entsprechend.

B. Kapitalgesellschaften und Genossenschaft.

1. Verordnung zur Begrenzung von Gewinnausschüttungen (Dividendenabgabeverordnung).

Vom 12. Juni 1941 (RGBl. I S. 323).

Der Ministerrat für die Reichsverteidigung verordnet mit Gesetzeskraft:

Abschnitt I.

Beschränkung von Gewinnausschüttungen.

Begrenzung des Hundertsatzes der Gewinnausschüttung.

§ 1. (1) Während der Dauer des Krieges dürfen Kapitalgesellschaften (§ 6) einen Gewinn nicht ausschütten, der folgende Hundertsätze des eingezahlten Gesellschaftskapitals übersteigt:

Kapitalgesellschaften, die für das letzte, nicht unter die Bestimmungen dieser Verordnung fallende Geschäftsjahr ausgeschüttet haben

a) nicht mehr als 6 vom Hundert des eingezahlten Gesellschaftskapitals vorbehaltlich der nachfolgenden Bestimmungen:
höchstens 6 vom Hundert,

b) mehr als 6 vom Hundert des eingezahlten Gesellschaftskapitals:
den zuletzt ausgeschütteten Hundertsatz.

(2) Bei einer Berichtigung des Kapitals zum Ausgleich von Unterbewertungen (Abschnitt II) darf während der Dauer des Krieges der Betrag, der auf die alten und auf die zusätzlichen Anteilsrechte ausgeschüttet wird, nicht größer sein als der Ausschüttungsbetrag, der gemäß Abs. 1 zulässig wäre, wenn eine Kapitalerhöhung nicht stattgefunden hätte.

Begrenzung der Auszahlung.

§ 2. (1) Während der Dauer des Krieges dürfen Kapitalgesellschaften (§ 6) von dem ausgeschütteten Gewinn nur den Teilbetrag auszahlen, der, berechnet auf das Gesellschaftskapital, zu Ende des letzten, nicht unter die Bestimmungen dieser Verordnung fallenden Geschäftsjahrs folgende Hundertsätze nicht übersteigt:

bei Kapitalgesellschaften, die für das letzte, nicht unter die Bestimmungen dieser Verordnung fallende Geschäftsjahr ausgeschüttet haben

a) nicht mehr als 6 vom Hundert des eingezahlten Gesellschaftskapitals:
höchstens 6 vom Hundert,

b) mehr als 6 vom Hundert des eingezahlten Gesellschaftskapitals:
den zuletzt ausgeschütteten Hundertsatz, jedoch nicht mehr als 8 vom Hundert.

(2) Kapitalgesellschaften, deren Anteile weder zum amtlichen Handel an einer deutschen Börse zugelassen sind, noch im Freiverkehr gehandelt werden, oder für die ein festes Gesellschaftskapital nicht vorgeschrieben ist, sind berechtigt, bei der Berechnung dieser Hundertsätze ihr Vermögen zugrunde zu legen.

(3) Die Kapitalgesellschaften haben den Teil des ausgeschütteten Gewinns, der den Anteilseignern nicht ausgezahlt wird, für diese unverzüglich in Schatzanweisungen des Reichs anzulegen. Die Schatzanweisungen sind treuhänderisch für die Anteilseigner zu verwalten. Sie unterliegen nicht der Zwangsvollstreckung. Der Reichswirtschaftsminister bestimmt den Zeitpunkt, zu dem die Schuldverschreibungen des Reichs zugunsten der Anteilseigner zu verwerten sind.

Dividendenabgabe.

§ 3. (1) Während der Dauer des Krieges haben Kapitalgesellschaften (§ 6), die für ein Geschäftsjahr auf ihr Gesellschaftskapital mehr als 6 vom Hundert des eingezahlten Gesellschaftskapitals ausschütten (§ 7), eine Abgabe an das Reich zu leisten (Dividendenabgabe).

(2) Die Dividendenabgabe ist bei der Ermittlung des steuerlichen Einkommens der Kapitalgesellschaft nicht abzugsfähig.

Höhe der Dividendenabgabe.

§ 4. (1) Die Dividendenabgabe bemißt sich nach der Mehrausschüttung. Als Mehrausschüttung gilt der Betrag, der zu einer Ausschüttung erforderlich ist, welche 6 vom Hundert des eingezahlten Gesellschaftskapitals übersteigt.

(2) Die Dividendenabgabe wird erhoben:

bei einer Ausschüttung

bis zu 7 vom Hundert des eingezahlten Gesellschaftskapitals
mit 50 vom Hundert der Mehrausschüttung,

bis zu 8 vom Hundert des eingezahlten Gesellschaftskapitals
mit 100 vom Hundert der Mehrausschüttung,

bis zu 9 vom Hundert des eingezahlten Gesellschaftskapitals
mit 250 vom Hundert der Mehrausschüttung,
bis zu 10 vom Hundert des eingezahlten Gesellschaftskapitals
mit 300 vom Hundert der Mehrausschüttung,
bis zu 11 vom Hundert des eingezahlten Geschäftskapitals
mit 350 vom Hundert der Mehrausschüttung,
bis zu 12 vom Hundert des eingezahlten Gesellschaftskapitals und darüber
mit 400 vom Hundert der Mehrausschüttung.

(3) Die Dividendenabgabe wird nur mit 50 vom Hundert der Mehrausschüttung erhoben, wenn eine Kapitalgesellschaft nicht mehr als 8 vom Hundert des Gesellschaftskapitals ausschüttet und im Durchschnitt der drei letzten, nicht unter die Bestimmung dieser Verordnung fallenden Geschäftsjahre mehr als 7 vom Hundert des eingezahlten Gesellschaftskapitals ausgeschüttet hat.

Erhebung der Dividendenabgabe.

§ 5. (1) Erhebungszeitraum für die Dividendenabgabe ist das Kalenderjahr. Der erste Erhebungszeitraum ist das Kalenderjahr 1941.

(2) Bemessungsgrundlage für die Dividendenabgabe sind die Ausschüttungen für die Geschäftsjahre, für die im Erhebungszeitraum von den Gesellschaftsorganen ein Gewinnverteilungsbeschluß gefaßt wird.

(3) Die Abgabe wird erstmals für das Geschäftsjahr erhoben, das am 31. Dezember 1940 endet.

(4) Ist eine Ausschüttung von mehr als 6 vom Hundert des eingezahlten Gesellschaftskapitals vor der Verkündung der Verordnung beschlossen worden, so sind Kapitalgesellschaften insoweit von der Abgabe befreit, als sie auf das Ende des Geschäftsjahrs, für das die Ausschüttung beschlossen wurde, ihr Gesellschaftskapital berichtigen (Abschnitt II) und die Ausschüttung, bezogen auf das berichtigte Gesellschaftskapital, 6 vom Hundert nicht übersteigt.

(5) Auf die Dividendenabgabe finden die für die Reichssteuern geltenden Vorschriften der Reichsabgabenordnung sinngemäß Anwendung.

Kapitalgesellschaften.

§ 6. (1) Kapitalgesellschaften im Sinne dieser Verordnung sind Aktiengesellschaften, Kommanditgesellschaften auf Aktien, Gesellschaften mit beschränkter Haftung, Kolonialgesellschaften und bergrechtliche Gewerkschaften.

(2) Die Bestimmungen dieser Verordnung finden nicht Anwendung auf:

a) Aktiengesellschaften und Kommanditgesellschaften auf Aktien, deren Grundkapital den Betrag von 300000 Reichsmark nicht übersteigt,

b) andere Kapitalgesellschaften, deren in der Handelsbilanz ausgewiesenes Eigenkapital den Betrag von einer Million Reichsmark nicht übersteigt; maßgebend ist die Schlußbilanz des Geschäftsjahrs, für das die Ausschüttung beschlossen wird.

Ausschüttungen.

§ 7. (1) Ausschüttung auf das Gesellschaftskapital im Sinne der Verordnung ist die Ausschüttung auf das je Anteil eingezahlte Gesellschaftskapital.

(2) Ausschüttungen im Sinne dieses Abschnitts sind ohne Rücksicht auf die Bezeichnung alle Vorteile, die eine Kapitalgesellschaft ihren Gesellschaftern auf Grund des Gesellschaftsverhältnisses zuwendet. Ausgenommen sind:

a) verdeckte Gewinnausschüttungen im Sinne des Körperschaftsteuerrechts, die vor dem 1. März 1941 erfolgt sind oder auf Grund einer Regelung erfolgen, die vor diesem Tage in schriftlicher Form getroffen worden ist;

b) die Abführung des gesamten Gewinns einer Kapitalgesellschaft an eine andere Kapitalgesellschaft, wenn die Verpflichtung dazu vor dem 1. März 1941 begründet und wenn sie körperschaftsteuerlich anerkannt worden ist;

c) Vorteile, die eine Kapitalgesellschaft ihren Gesellschaftern in Durchführung der Kapitalberichtigung zum Ausgleich von Unterbewertungen (Abschnitt II) zuwendet.

(3) Nachtragsausschüttungen auf abgelaufene Geschäftsjahre gelten als Ausschüttungen des Jahres, in dem sie erfolgen.

(4) Bei bergrechtlichen Gewerkschaften und anderen Kapitalgesellschaften, für die ein festes Gesellschaftskapital nicht vorgeschrieben ist, tritt für die Berechnung des Hundertsatzes der Ausschüttung das Vermögen an die Stelle des Gesellschaftskapitals.

Abschnitt II.

Berichtigung des Gesellschaftskapitals.

Ausmaß der Kapitalberichtigung.

§ 8. (1) Kapitalgesellschaften können ihre Handelsbilanz in vereinfachter Form berichtigen.

(2) Sie können ihr Gesellschaftskapital erhöhen:

a) um die in der Handelsbilanz für das im Kalenderjahr 1938 endende Geschäftsjahr ausgewiesenen offenen Rücklagen, soweit sie 10 vom Hundert des damaligen Gesellschaftskapitals überschreiten. Die offenen Rücklagen erhöhen sich um die ausgewiesenen Gewinne einschließlich der Gewinnvorträge, soweit sie für das Geschäftsjahr 1938 nicht ausgeschüttet worden sind, und vermindern sich um die ausgewiesenen Verluste und Verlustvorträge in der Handelsbilanz für das Geschäftsjahr 1938;

b) um die Summe der Unterschiedsbeträge, die die Handelsbilanz für das im Kalenderjahr 1938 endende Geschäftsjahr gegenüber der zeitlich entsprechenden Steuerbilanz (Körperschaftsteuerbilanz) aufweist.

(3) Das Kapital darf höchstens auf einen Nennbetrag berichtigt werden, der durch den Stand des Vermögens nach der letzten Steuerbilanz begrenzt wird.

(4) Die im Zuge der Kapitalberichtigung entstehenden zusätzlichen Anteilsrechte stehen den Anteilseignern im Verhältnis ihrer bisherigen Beteiligung zu. Die Kapitalberichtigung ist durchzuführen, ohne daß den Anteilseignern eine Verpflichtung zu Zuzahlungen auferlegt wird und ohne daß Auszahlungen an sie erfolgen.

(5) Die Erhöhung des Gesellschaftskapitals muß so erfolgen, daß der Nennbetrag der erhöhten Anteilsrechte

a) bei Aktiengesellschaften oder Kommanditgesellschaften auf Aktien
   mit Aktiennennbeträgen von 1000 Reichsmark oder einem Vielfachen davon
      durch hundert,
   mit Aktiennennbeträgen von 100 Reichsmark oder einem Vielfachen davon
      durch zehn,

b) bei Gesellschaften mit beschränkter Haftung
      durch zehn

teilbar ist.

Zeitliche Grenze für die Kapitalberichtigung.

§ 9. (1) Die Berichtigung des Gesellschaftskapitals kann frühestens mit Wirkung für das am 31. Dezember 1940 endende oder für das zu diesem Zeitpunkt laufende Geschäftsjahr, spätestens für ein Geschäftsjahr erfolgen, das vor dem 1. April 1942 endet.

(2) Sie kann vorbehaltlich der Bestimmung des § 5 Abs. 4 nicht mehr vorgenommen werden, wenn über die Gewinnausschüttung für das Geschäftsjahr Beschluß gefaßt worden ist. Eine wiederholte Kapitalberichtigung ist unzulässig.

Durchführung der Kapitalberichtigung.

§ 10. (1) Der Vorstand hat die Kapitalberichtigung vorzuschlagen und die Bilanz aufzustellen. Das für die Kapitalgesellschaft zuständige Finanzamt erteilt auf Antrag des Vorstands entweder eine Bescheinigung über das nach § 8 Abs. 2 und 3 zulässige Ausmaß der Kapitalberichtigung oder eine Bescheinigung dahin, daß das Ausmaß der beabsichtigten Kapitalberichtigung im Sinne dieser Bestimmungen unbedenklich ist. Der Vorstand hat diese Unterlagen dem Aufsichtsrat vorzulegen.

(2) Der Aufsichtsrat beschließt die Kapitalberichtigung. Weicht der Beschluß des Aufsichtsrats von dem Vorschlag des Vorstands ab, beschließt die Hauptversammlung. Beschließt der Aufsichtsrat entsprechend den Vorschlägen des Vorstands, so bindet der Beschluß vorbehaltlich der Bestimmung des § 11 die Hauptversammlung.

(3) Die Kapitalberichtigung ist, bevor über sie Beschluß gefaßt werden kann, durch einen oder mehrere sachverständige Prüfer (Abschlußprüfer) darauf zu prüfen, ob der daraus sich ergebende Jahresabschluß den gesetzlichen Vorschriften über den Jahresabschluß entspricht. Sind nach dem abschließenden Ergebnis der Prüfung keine Einwendungen zu erheben, so haben die Abschlußprüfer dieses durch einen Vermerk zu bestätigen. Die Berichtigung kann nicht ohne die Bestätigung der Abschlußprüfer beschlossen werden.

(4) Zu Abschlußprüfern sind bei Aktiengesellschaften und Kommanditgesellschaften auf Aktien die Abschlußprüfer zu bestellen, die für den Jahresabschluß für das Geschäftsjahr bestellt worden sind oder werden, auf das sich die Kapitalberichtigung bezieht. Lehnen diese Abschlußprüfer die Annahme des Prüfungsauftrags ab, oder wird dieser Jahresabschluß nicht geprüft, so hat auf Antrag des Vorstands oder des Aufsichtsrats das Gericht nach Anhörung der Industrie- und Handelskammer die Abschlußprüfer zu bestellen; die Bestellung ist endgültig. § 135 Abs. 3, § 136 Abs. 5 des Aktiengesetzes gelten sinngemäß. Im übrigen sind, soweit sich aus der Besonderheit des Prüfungsauftrags nichts anderes ergibt, die §§ 137 bis 139, 141 des Aktiengesetzes anzuwenden.

(5) In dem Jahresabschluß für das Geschäftsjahr, für das die Kapitalberichtigung beschlossen worden ist, kann das Grundkapital

in der Höhe ausgewiesen werden, wie es nach der Durchführung der Kapitalberichtigung bestehen soll.

(6) Der Vorstand hat unverzüglich den Berichtigungsbeschluß sowie die Bilanz zum Handelsregister des Sitzes der Gesellschaft einzureichen und die Erhöhung des Gesellschaftskapitals zur Eintragung in das Handelsregister anzumelden. Mit der Eintragung des berichtigten Gesellschaftskapitals in das Handelsregister des Sitzes der Gesellschaft ist das Gesellschaftskapital erhöht.

(7) Der Vorstand hat die Entschließung über die Kapitalberichtigung und gegebenenfalls auch die berichtigte Bilanz innerhalb eines Monats nach der Beschlußfassung des Aufsichtsrats in den Gesellschaftsblättern bekanntzumachen und beides der nächsten Hauptversammlung vorzulegen.

(8) Bei den übrigen Kapitalgesellschaften treten an die Stelle der in den Abs. 2 bis 6 genannten Verwaltungsträger die entsprechenden Organe, soweit sie vorhanden sind. Ist ein dem Aufsichtsrat der Aktiengesellschaft entsprechendes Organ nicht vorhanden, so beschließt die Gesellschafterversammlung über die Kapitalberichtigung. Zu Abschlußprüfern dieser Gesellschaften können auch die vereidigten und öffentlich bestellten Bücherrevisoren bestellt werden.

Minderheitenschutz.

§ 11. (1) Schüttet eine Gesellschaft, die in den zwei letzten, nicht unter die Bestimmung dieser Verordnung fallenden Geschäftsjahren mehr als 6 vom Hundert des eingezahlten Kapitals als Gewinn ausgeschüttet hat, nach Inkrafttreten der Verordnung wenige, als neun Zehntel des Betrags aus, der im Durchschnitt der letzten drei Geschäftsjahre ausgeschüttet worden ist, so kann eine Minderheit verlangen, daß der Betrag zur Ausschüttung kommt, der im Durchschnitt der letzten drei Geschäftsjahre ausgeschüttet wurde, oder daß eine entsprechende Berichtigung des Kapitals nach § 8 vorgenommen wird. Die Vorschrift des § 1 bleibt dabei unberührt. Das Verlangen ist spätestens in der Hauptversammlung zu stellen, in der über die Gewinnausschüttung für das Geschäftsjahr beschlossen wird, für das die Bilanzberichtigung hätte erfolgen können; die Minderheit muß 10 vom Hundert des bei der Beschlußfassung über die Gewinnausschüttung vertretenen Gesellschaftskapitals umfassen.

(2) Der Vorstand oder der Aufsichtsrat kann dem Verlangen der Minderheit widersprechen, wenn überwiegende Belange der

Gesellschaft oder der gemeine Nutzen von Volk und Reich es fordern. Ob diese Voraussetzung vorliegt, entscheidet der Reichswirtschaftsminister oder eine von ihm zu bestimmende Stelle. Er oder die von ihm zu bestimmende Stelle entscheidet auch, ob und auf welche Weise dem Verlangen der Minderheit zu entsprechen ist.

(3) Die Änderungen des Jahresabschlusses, die hierdurch nötig werden, hat der Vorstand vorzunehmen.

(4) Bei anderen Kapitalgesellschaften als Aktiengesellschaften und Kommanditgesellschaften auf Aktien treten an die Stelle der in den Abs. 2, 3 genannten Verwaltungsträger die entsprechenden Organe, soweit sie vorhanden sind.

Berichtigung des Nennbetrags der Aktien.

§ 12. (1) Aktiengesellschaften und Kommanditgesellschaften auf Aktien, die von der Bilanzberichtigung Gebrauch machen, haben die Nennbeträge der ausgegebenen Aktien oder Zwischenscheine entsprechend der Veränderung des Grundkapitals durch Heraufstempelung zu berichtigen. Die Berichtigung kann auch durch Umtausch der Aktien oder durch Ausgabe von Zusatzaktien erfolgen. Die Ausgabe von Zusatzaktien oder Zwischenscheinen bedarf nicht der sonst etwa erforderlichen Genehmigung nach § 8 des Aktiengesetzes.

(2) Sind die Aktien zum Börsenhandel zugelassen, so erstreckt sich die Zulassung auch auf die im Zuge einer Kapitalberichtigung heraufgestempelten oder durch Umtausch oder Ausgabe von Zusatzaktien entstandenen zusätzlichen Anteilscheine.

Steuerliche Behandlung der Berichtigung des Nennbetrags von Anteilsrechten.

§ 13. (1) Die Einkommensteuer oder Körperschaftsteuer der Anteilseigner, die auf den Zuwachs an Anteilsrechten entfällt, wird im Wege der Pauschbesteuerung erhoben. Die Steuer ist von der Kapitalgesellschaft zu entrichten.

(2) Die Pauschsteuer bemißt sich nach dem Nennbetrag der zusätzlich zugeteilten Anteilsrechte. Sie beträgt:

10 vom Hundert, wenn das Gesellschaftskapital um nicht mehr als 100 vom Hundert erhöht wird,

15 vom Hundert, wenn das Gesellschaftskapital um mehr als 100, jedoch nicht mehr als 200 vom Hundert erhöht wird und

20 vom Hundert, wenn das Gesellschaftskapital um mehr als 200 vom Hundert erhöht wird.

(3) Die Erhöhung der Anteilsrechte stellt keine Ausschüttung

im Sinne des § 17 des Körperschaftsteuergesetzes (Mindestbesteuerung) dar.

(4) Die Pauschsteuer ist bei der Ermittlung des steuerlichen Einkommens der Kapitalgesellschaft nicht abzugsfähig.

(5) Eine Kapitalverkehrsteuer auf den Zuwachs an Anteilsrechten wird nicht erhoben.

Abschnitt III.

Schlußbestimmungen.

Strafbestimmungen.

§ 14. (1) Wer den Vorschriften der §§ 1, 2, 8, 10, 11 vorsätzlich oder fahrlässig zuwiderhandelt, wird mit einer Ordnungsstrafe belegt. Die Ordnungsstrafe wird in Geld festgesetzt, ihre Höhe ist unbegrenzt. Der Reichswirtschaftsminister regelt Zuständigkeit und Verfahren für die Verhängung der Ordnungsstrafe.

(2) In besonders schweren Fällen wird statt der Ordnungsstrafe auf Gefängnis oder Geldstrafe, deren Höhe unbegrenzt ist, erkannt. Die Strafverfolgung tritt nur auf Antrag des Reichswirtschaftsministers ein.

Ermächtigung.

§ 15. Der Reichswirtschaftsminister kann im Einvernehmen mit dem Reichsminister der Finanzen und, soweit es sich um den Abschnitt II handelt, außerdem im Einvernehmen mit dem Reichsminister der Justiz Rechtsverordnungen und allgemeine Verwaltungsvorschriften zur Durchführung und Ergänzung dieser Verordnung erlassen und Ausnahmen von den Bestimmungen dieser Verordnung zulassen.

Inkrafttreten.

§ 16. Diese Verordnung tritt mit der Verkündung in Kraft*). Sie gilt auch in den eingegliederten Ostgebieten. Gleichzeitig treten die Vorschriften des Gesetzes über die Gewinnverteilung bei Kapitalgesellschaften (Anleihestockgesetz) vom 4. Dezember 1934 (Reichsgesetzbl. I S. 1222) in der Fassung des Gesetzes vom 9. Dezember 1937 (Reichsgesetzbl. I S. 1340) sowie der zu seiner Durchführung und Ergänzung ergangenen Verordnungen außer Kraft, soweit sie sich nicht auf die Auflösung und Verteilung des Anleihestocks beziehen.

---

*) Verkündet am 21. Juni 1941.

2. Erste Verordnung zur Durchführung der Dividendenabgabeverordnung (1. DADV.).

Vom 18. August 1941 (RGBl. I S. 493).

Auf Grund des § 15 der Verordnung zur Begrenzung von Gewinnausschüttungen (Dividendenabgabeverordnung) vom 12. Juni 1941 (Reichsgesetzbl. I S. 323) und auf Grund der §§ 12 und 13 der Reichsabgabenordnung wird verordnet:

Erster Teil.

Beschränkung von Gewinnausschüttungen.

Erster Abschnitt.

Wirtschaftsrechtliche Vorschriften.

Eingezahltes Kapital.

§ 1. (1) Als je Anteil eingezahltes Gesellschaftskapital gilt bei voll eingezahlten Anteilen der Nennbetrag des Anteilsrechts. Ist ein Anteil nicht voll eingezahlt, so ist vom Nennbetrag der Betrag zu kürzen, für den noch eine Einzahlungspflicht besteht.

(2) Ist eine Berichtigung des Gesellschaftskapitals nach Abschnitt II der Verordnung vorgenommen worden, so gilt der Teil des Kapitals, um den berichtigt wurde, als eingezahlt im Sinne der Verordnung, des Gesellschaftsrechts und des Steuerrechts.

Gewinnberechtigtes Gesellschaftskapital.

§ 2. Sind nicht alle Anteile des Gesellschaftskapitals gewinnberechtigt, so sind für die Gewinnberechnung der Hundertsatz und der Betrag maßgebend, die sich bei alleiniger Berücksichtigung des gewinnberechtigten Gesellschaftskapitals ergeben.

Änderungen des Gesellschaftskapitals.

§ 3. (1) Ist nach Ablauf des letzten, nicht unter die Bestimmungen der Verordnung fallenden Geschäftsjahrs das Gesellschaftskapital geändert worden, so bemißt sich der zur Auszahlung gelangende Teil der Ausschüttung nach dem bisherigen Hundertsatz und dem geänderten Gesellschaftskapital. Eine Berichtigung nach Abschnitt II der Verordnung gilt nicht als Änderung des Gesellschaftskapitals.

(2) Ist das Gesellschaftskapital nach Ablauf des letzten, nicht unter die Bestimmungen der Verordnung fallenden Geschäftsjahrs erhöht worden, so beziehen sich Hundertsatz und Betrag der Ausschüttung auf das Gesamtkapital mit der Einschränkung, daß

bei Anwendung des § 1 Abs. 2 der Verordnung das Gesamtkapital um den Berichtigungsbetrag (Abschnitt II der Verordnung) zu kürzen ist.

Mehrere Gattungen von Anteilsrechten.

§ 4. Bestehen bei einer Kapitalgesellschaft mehrere Gattungen von Anteilsrechten und ist der Hundertsatz der Ausschüttung für die einzelnen Gattungen verschieden bemessen, so ist für jede Gattung gesondert nach §§ 1 bis 4 der Verordnung zu verfahren.

Nicht voll eingezahlte Anteile.

§ 5. Kapitalgesellschaften, deren Anteile nicht voll eingezahlt sind, können bei der Beschlußfassung über die Gewinnausschüttung bestimmen, daß der Teil des ausgeschütteten Gewinns, der nach § 2 der Verordnung den Anteilseignern nicht ausgezahlt werden darf, zur Einzahlung auf das noch ausstehende Gesellschaftskapital zu verwenden ist. Soweit die Einzahlung auf das Gesellschaftskapital erfolgt, findet § 2 Abs. 3 der Verordnung keine Anwendung.

Aktienähnliche Genußrechte.

§ 6. (1) Die Vorschriften des § 2 der Verordnung (Begrenzung der Auszahlung) finden sinngemäß Anwendung auf Zuwendungen, die eine Kapitalgesellschaft Inhabern von Genußrechten macht, die eine dem Betrage nach veränderliche Beteiligung am Reingewinn gewähren, es sei denn, daß die Genußrechte vertraglich oder durch Gesetz gegen Verzicht auf Forderungsrechte oder als Ersatz für sie eingeräumt worden sind (aktienähnliche Genußrechte).

(2) Der zur Auszahlung zugelassene Teilbetrag ist von dem Nennbetrag der aktienähnlichen Genußrechte zu berechnen. Lauten die aktienähnlichen Genußrechte nicht auf einen Nennbetrag, so ist die Auszahlung auf den Teilbetrag begrenzt, der sich ergibt, wenn man die auf die aktienähnlichen Genußrechte entfallende Ausschüttung in dem gleichen Verhältnis aufteilt, in dem die auf die Anteilseigner entfallende Ausschüttung sich in einen auszahlfähigen und einen nicht auszahlfähigen Teil gliedert. Sind mehrere Gattungen von Aktien vorhanden, so ist die dem Gesamtbetrag nach überwiegende Gattung maßgebend.

(3) Sind aktienähnliche Genußrechte zu einem festen Betrag rückzahlbar, so gelten die für die Rückzahlung verwendeten Beträge nicht als Ausschüttung im Sinne des Abs. 1.

Gewinnschuldverschreibungen.

§ 7. Für Schuldverschreibungen, bei denen statt der festen Verzinsung oder neben ihr ein Recht auf eine Geldleistung eingeräumt ist, die sich nach der Höhe der Gewinnausschüttungen des Schuldners richtet, gelten die Vorschriften des § 2 der Verordnung (Begrenzung der Auszahlung) sinngemäß insoweit, als der im Jahre zu vergütende Zins infolge des Gewinnzuschlags über die dort bestimmten Hundertsätze hinausgeht.

Vermögen.

§ 8. Als Vermögen im Sinne der § 2 Abs. 2 und § 7 Abs. 4 der Verordnung gilt vorbehaltlich der Bestimmungen des § 10 das in der letzten Handelsbilanz ausgewiesene Eigenkapital (§ 9), erhöht um die Gesellschafterdarlehen, soweit diese gewerbesteuerlich als Dauerschulden gelten.

Eigenkapital.

§ 9. Eigenkapital im Sinne des § 6 Abs. 2 Buchst. b der Verordnung und des vorstehenden § 8 ist das in der letzten Handelsbilanz ausgewiesene Gesellschaftskapital, soweit ein solches vorhanden ist, zuzüglich der offenen Rücklagen und des Gewinnvortrags, jedoch abzüglich der ausgewiesenen Verluste.

Bergrechtliche Gewerkschaften.

§ 10. (1) Bei bergrechtlichen Gewerkschaften gilt abweichend von §§ 8, 9 als Vermögen (§ 2 Abs. 2 und § 7 Abs. 4 der Verordnung) und als Eigenkapital (§ 6 Abs. 2 Buchst. b der Verordnung) das Vermögen, das sich auf Grund der letzten Körperschaftsteuerbilanz ergibt.

(2) Eine Ausbeute, die von bergrechtlichen Gewerkschaften verteilt wird, ist als Ausschüttung (§ 7 der Verordnung) insoweit anzusehen, als sie bei der Veranlagung der Gewerken zur Einkommensteuer oder Körperschaftsteuer steuerpflichtiges Einkommen darstellt. Dabei wird § 9 Abs. 1 (Schachtelvergünstigung) des Körperschaftsteuergesetzes nicht berücksichtigt.

Kapitalgesellschaften der eingegliederten Gebiete.

§ 11. Bei Kapitalgesellschaften mit Sitz in Gebieten, die durch Eingliederung im Wege der Gesetzgebung Bestandteil des Deutschen Reichs geworden sind, ist für die Bemessung von Ausschüttung und Auszahlung für das erste, unter die Bestimmungen dieser Verordnung fallende Geschäftsjahr das in der Reichsmarkeröffnungsbilanz ausgewiesene Gesellschaftskapital maßgebend. Als zuletzt ausgeschütteter Hundertsatz (§ 1 Abs. 1 Buchst. b, § 2 Abs. 1 Buchst. b der Verordnung) gilt der Hundertsatz, der sich als das Verhältnis des in Reichsmark umgerechneten Betrags, der im letzten, nicht unter die Bestimmungen der Verordnung fallenden Geschäftsjahr ausgeschüttet wurde, zu dem Gesellschaftskapital der Reichsmarkeröffnungsbilanz ergibt.

Rumpfgeschäftsjahr.

§ 12. Wenn ein Geschäftsjahr weniger oder mehr als 12 Monate umfaßt, so wird die Gewinnausschüttung nach dem Verhältnis der Zeit auf 12 Monate umgerechnet.

Aufrundung des Hundertsatzes der Gewinnausschüttung.

§ 13. Wenn die Ausschüttung 6 vom Hundert des berichtigten Gesellschaftskapitals nicht übersteigt, darf der nach § 1 Abs. 2 der Verordnung zulässige Ausschüttungsbetrag um nicht mehr als 10 vom Hundert überschritten werden, soweit die Überschreitung erforderlich ist, um den Hundertsatz der Ausschüttung auf das berichtigte Gesellschaftskapital auf halbe Hundertsätze aufzurunden.

Gewinnabführung.

§ 14. (1) Unter Gewinnabführung im Sinne des § 7 Abs. 2 Buchst. b der Verordnung ist nur eine Gewinnabführung auf Grund eines körperschaftsteuerlich anerkannten Gewinnausschließungsvertrags zu verstehen.

(2) Die Vorschrift des § 7 Abs. 2 Buchst. b der Verordnung findet auch auf Gewinnabführungen an Einzelunternehmer und Personengesellschaften Anwendung.

Nachtragsausschüttungen.

§ 15. Bei Anteilen, die bei der Verteilung des Gewinns mit einem nachzuzahlenden Vorzug ausgestattet sind, findet Abschnitt I der Verordnung auf die Nachzahlung keine Anwendung, wenn die Verpflichtung zur Nachzahlung vor dem 1. März 1941 begründet worden ist, die Nachzahlung getrennt von der Gewinnausschüttung des Jahres, in dem der Vorzug nachgezahlt wird, erfolgt und sie 6 vom Hundert nicht überschreitet.

Schachtelvergünstigung.

§ 16. (1) Wenn eine inländische Kapitalgesellschaft an einer anderen Kapitalgesellschaft mit mindestens 25 vom Hundert des Gesellschaftskapitals dieser Kapitalgesellschaft beteiligt ist, so findet

§ 2 der Verordnung auf die Ausschüttung auf Grund der Beteiligung keine Anwendung, wenn und solange die Kapitalgesellschaft ihre Beteiligung bei einer Wertpapiersammelbank treuhänderisch hinterlegt. Die Hinterlegung muß mit der Maßgabe erfolgen, daß unbeschadet der Geltendmachung der Gesellschaftsrechte die Rücknahme der hinterlegten Anteile erst zulässig sein soll, wenn das Treuhandvermögen den Anteilseignern zugeflossen ist oder wenn die beteiligte Kapitalgesellschaft die an sie ausgezahlten Gewinnbeträge (Satz 1) zur Anlage in Schatzanweisungen des Reichs zurückerstattet hat.

(2) Wenn die Anteile nicht hinterlegt werden können, so sind sie einer vom Reichswirtschaftsminister zu bestimmenden Stelle als Treuhänder abzutreten.

(3) Der Reichswirtschaftsminister kann von der Hinterlegung befreien, wenn der mit der Hinterlegung verfolgte Zweck auch bei Anwendung anderer Maßnahmen erreicht wird.

(4) Diese Bestimmungen gelten sinngemäß, wenn das Reich, ein Land, eine Gemeinde oder ein Gemeindeverband an einer Kapitalgesellschaft unmittelbar beteiligt ist, auch wenn diese Beteiligung weniger als 25 vom Hundert des Gesellschaftskapitals beträgt. Das gleiche gilt für die Beteiligungen der Nationalsozialistischen Deutschen Arbeiterpartei.

(5) Ist die Beteiligung noch auf Grund von Artikel 3 der Verordnung zur Durchführung und Ergänzung des Anleihestockgesetzes vom 27. Februar 1935 (Reichsgesetzbl. I S. 316) bei der Deutschen Golddiskontbank hinterlegt oder mit Genehmigung des Reichswirtschaftsministers sonst sichergestellt, so hat die Hinterlegung (Sicherstellung) auch für die Zwecke dieser Verordnung Geltung, wenn die Deutsche Golddiskontbank auf Antrag der Kapitalgesellschaft ihr Einverständnis erklärt.

Rentengarantie.

§ 17. (1) Werden Anteilseignern einer Kapitalgesellschaft auf ihre Anteilsrechte Vorteile durch ein anderes Unternehmen auf Grund eines Vertrags zugunsten Dritter oder deshalb gewährt, weil es sich den Anteilseignern gegenüber hierzu verpflichtet hat, so werden die von dem Unternehmen den Anteilseignern gewährten Vorteile wie Zuwendungen der eigenen Kapitalgesellschaft behandelt. Soweit das Unternehmen unmittelbar an die (außenstehenden) Anteilseigner ausschüttet oder auszahlt, ist es zur Beachtung der

Vorschriften des Abschnitts I der Verordnung verpflichtet. Eine Dividendenabgabe geht zu seinen Lasten.

(2) Reicht die der Kapitalgesellschaft nach § 8 der Verordnung zur Verfügung stehende Berichtigungsmöglichkeit nicht aus, die Zahlung einer Dividendenabgabe zu vermeiden, und ist ferner das Recht der Anteilseigner, die Gewährung der Vorteile unmittelbar von dem Unternehmen zu fordern, vor dem 31. März 1941 begründet worden, so kann der Reichswirtschaftsminister das Unternehmen auf Antrag von der Verpflichtung zur Zahlung der Dividendenabgabe befreien, wenn es den Teil der Vorteile, deren Auszahlung die Bestimmung des § 2 der Verordnung im Wege steht, einem Sondertreuhandvermögen zuführt, das von ihm zugunsten der Anteilseigner bei einer Wertpapiersammelbank gebildet wird. Die für das Treuhandvermögen nach § 2 Abs. 3 der Verordnung geltenden Bestimmungen finden sinngemäß Anwendung.

Rechtliche Wirkung der Leistungen an ein Treuhandvermögen.

§ 18. Ansprüche auf Auszahlung können insoweit nicht geltend gemacht werden, als auf Grund der Bestimmungen der Verordnung und der zu ihrer Durchführung erlassenen Bestimmungen Überweisungen an ein Treuhandvermögen erfolgen müssen.

Von einer Ausschüttung abhängige Leistungen an Dritte.

§ 19. (1) Hängt die Verpflichtung einer Kapitalgesellschaft zu einer Leistung an einen Dritten davon ab, daß die Gewinnausschüttung der Kapitalgesellschaft einen bestimmten Hundertsatz erreicht, und ist dessen Ausschüttung mit einer Dividendenabgabe (§ 3 der Verordnung) belegt, so ist die Kapitalgesellschaft, wenn sie die entsprechende Ausschüttung nicht vornimmt, vorbehaltlich der Vorschrift des § 18 zur Leistung in dem Ausmaß verpflichtet, in dem diese auf Grund der Ausschüttung des letzten, nicht unter die Bestimmungen der Verordnung fallenden Geschäftjahrs erfolgt ist, es sei denn, daß der Reingewinn eine Ausschüttung in dem bisherigen Ausmaß nicht zulassen würde.

(2) Das Unvermögen, die bisherige Ausschüttung beizubehalten, gilt als vorliegend, wenn der Betrag, der bei der Beibehaltung des bisherigen Hundertsatzes, berechnet auf das unberichtigte Kapital, für die Gewinnausschüttung erforderlich ist, größer ist als der nach körperschaftsteuerlichen Grundsätzen ermittelte Reingewinn nach Abzug

a) der im § 12 des Körperschaftsteuergesetzes bezeichneten Ausgaben,

b) eines Betrags, der dem Hundertsatz entspricht, der im letzten, nicht unter die Bestimmungen der Verordnung fallenden Geschäftsjahr vom Reingewinn der Handelsbilanz den offenen Rücklagen zugeführt worden ist.

Soweit die Leistungen an den Dritten bei Ermittlung des steuerlichen Reingewinns nicht abzugsfähig sind, sind sie dem Betrag der Gewinnausschüttung hinzuzurechnen.

(3) Liegt das Unvermögen nach Abs. 2 vor, die bisherige Ausschüttung beizubehalten, und hängt von einer Ausschüttung, die niedriger ist als die des letzten, nicht unter die Bestimmungen der Verordnung fallenden Geschäftsjahrs, eine niedrigere Leistung an den Dritten ab, so ist die Kapitalgesellschaft zu den niedrigeren Leistungen verpflichtet, es sei denn, daß der Reingewinn bei sinngemäßer Anwendung der Bestimmungen des Abs. 2 auch die niedrigere Ausschüttung nicht zulassen würde.

(4) Hängt von einer Ausschüttung, die höher ist als die des letzten, nicht unter die Bestimmungen der Verordnung fallenden Geschäftsjahrs, eine höhere Leistung an den Dritten ab, so ist die Kapitalgesellschaft zu der höheren Leistung verpflichtet, es sei denn, daß der Reingewinn bei sinngemäßer Anwendung der Bestimmungen des Abs. 2 die höhere Ausschüttung nicht zulassen würde.

Rückzahlungspflicht.

§ 20. (1) Die Anteilseigner sind zur Erstattung der Teile des Gewinns verpflichtet, die ihnen den Vorschriften der Verordnung zuwider ausgezahlt worden sind.

(2) Sind unter Verletzung der Vorschriften der Verordnung Beträge an das Treuhandvermögen abgeführt worden, so sind sie aus diesem nach den Vorschriften über die Herausgabe einer ungerechtfertigten Bereicherung zu erstatten.

(3) Wer den Bestimmungen der Verordnung zuwiderhandelt, haftet der Kapitalgesellschaft für den daraus entstehenden Schaden.

Rechte am Treuhandvermögen.

§ 21. (1) Die Rechte an dem nach § 2 Abs. 3 der Verordnung gebildeten, treuhänderisch verwalteten Vermögen stehen nach den für die Gewinnverteilung der Kapitalgesellschaft geltenden Bestimmungen den Anteilseignern zu, die in dem Zeitpunkt gewinnberechtigt sind, zu dem das Treuhandvermögen den Anteilseignern zufließt.

(2) Wird über das Vermögen einer Kapitalgesellschaft der Kon-

kurs eröffnet, oder wird sie in sonstiger Weise aufgelöst, so kann der Reichswirtschaftsminister die vorzeitige Verwertung des treuhänderisch verwalteten Vermögens zugunsten der alsdann gewinnberechtigten Anteilseigner anordnen.

Kosten der Bildung und Verwaltung des Treuhandvermögens.

§ 22. Die Kosten, die aus Bildung und Verwaltung des Treuhandvermögens entstehen, trägt unbeschadet der Vorschrift des § 30 die Kapitalgesellschaft.

Veränderungen des Treuhandvermögens.

§ 23. Werden Schatzanweisungen, die zu dem treuhänderisch verwalteten Vermögen gehören, zurückgezahlt oder veräußert, so hat die Kapitalgesellschaft die ihr zufließenden Beträge unverzüglich abermals in Schatzanweisungen anzulegen. Das gleiche gilt für Zinserträgnisse.

Bekanntmachungen über das Treuhandvermögen.

§ 24. (1) Die Kapitalgesellschaft hat jährlich auf den Schluß des Geschäftsjahrs in dem Geschäftsbericht die Beträge bekanntzumachen, die sie dem Treuhandvermögen nach § 2 Abs. 3 der Verordnung zugeführt hat und die ihm aus Zinserträgnissen zugewachsen sind. Sie hat den Bestand des Treuhandvermögens getrennt in der Jahresbilanz zu vermerken.

(2) Wird kein Geschäftsbericht aufgestellt, so hat die Bekanntmachung in den für die Bekanntmachungen der Gesellschaft vorgesehenen Blättern oder durch Benachrichtigung der einzelnen Anteilseigner oder sonstigen Berechtigten zu erfolgen. Bei der Einzelbenachrichtigung genügt es, wenn jedem Berechtigten eine entsprechende Mitteilung gemacht wird.

Sicherung von Auszahlungsbegrenzung und Anlagepflicht.

§ 25. (1) Die Kapitalgesellschaft hat sich jährlich einer Prüfung daraufhin zu unterziehen, ob sie den Vorschriften des § 2 der Verordnung und den zu ihrer Durchführung erlassenen Vorschriften nachgekommen ist.

(2) Die Prüfung ist bei Aktiengesellschaften durch den Abschlußprüfer (§ 136 des Aktiengesetzes) vorzunehmen, der den auf das Verteilungsjahr folgenden Jahresabschluß prüft. Die Prüfung kann mit der Prüfung des Jahresabschlusses verbunden werden. Bei Kapitalgesellschaften, die einer Pflichtprüfung nicht unterliegen, hat die Gesellschafterversammlung einen Prüfer zu bestellen und von der erfolgten Bestellung der Industrie- und Handelskammer inner-

halb eines Monats nach der Ausschüttung des Gewinns Mitteilung zu machen. Die Prüfung kann bei diesen Kapitalgesellschaften auch durch einen beeidigten oder öffentlich bestellten Bücherrevisor erfolgen.

(3) Der Prüfer hat eine steuerliche Entscheidung zu dem Tatbestand der Ausschüttung (§ 7 der Verordnung), die zur Zeit der Prüfung rechtskräftig ist, seiner Beurteilung zugrunde zu legen Im übrigen wertet er die Tatbestände selbständig.

(4) Der Prüfer hat über das Ergebnis der Prüfung schriftlich zu berichten. Im Bericht ist besonders festzustellen, ob den Vorschriften des § 2 der Verordnung und den zu ihrer Durchführung erlassenen Vorschriften nachgekommen ist und ob der Vorstand die von ihm verlangten Aufklärungen und Nachweise erbracht hat. Verstöße gegen diese Vorschriften sind im einzelnen darzulegen. Der Prüfer hat den Bericht zu unterzeichnen und Abschrift des Prüfungsberichts der Kapitalgesellschaft sowie der für die Kapitalgesellschaft zuständigen Industrie- und Handelskammer zu übersenden.

(5) Sind nach dem abschließenden Ergebnis der Prüfung keine Einwendungen zu erheben, so hat der Prüfer dies durch einen Vermerk zu bestätigen; der Bestätigungsvermerk muß ergeben, daß nach pflichtmäßiger Prüfung auf Grund der Bücher und der Schriften der Gesellschaft sowie der vom Vorstand erteilten Aufklärungen und Nachweise die Bildung und Verwaltung des Treuhandvermögens den Vorschriften der Verordnung entspricht. Sind Einwendungen zu erheben, so haben die Abschlußprüfer die Bestätigung zu versagen oder einzuschränken. In die Bekanntmachungen der Kapitalgesellschaft über das Treuhandvermögen ist der Bestätigungsvermerk aufzunehmen.

(6) Das Ergebnis der Prüfung ist vorbehaltlich der Bestimmung des § 26 zwei Monate, nachdem der Bericht den Beteiligten zugegangen ist, für die Kapitalgesellschaft verbindlich. Das Finanzamt ist an das Ergebnis der Prüfung nicht gebunden.

Sicherung der Verpflichtungen gegenüber dem Treuhandvermögen.

§ 26. (1) Ist eine Kapitalgesellschaft den Verpflichtungen aus § 2 der Verordnung nicht oder nicht in ausreichendem Maße nachgekommen, so hat die für die Kapitalgesellschaft zuständige Industrie- und Handelskammer unter eigener Würdigung des in dem Bericht des Prüfers festgestellten Sachverhalts den Betrag festzusetzen, der dem Treuhandvermögen zuzuführen ist. Vor der Festsetzung sind die Verwaltungsträger der Kapitalgesellschaft und der Prüfer anzuhören.

(2) Unterbleibt trotz Aufforderung die Zuweisung an das Treuhandvermögen, obwohl über den Betrag, der an dieses abzuführen ist, kein Streit besteht oder die Industrie- und Handelskammer den Betrag festgesetzt hat, so ist der Kapitalgesellschaft die treuhänderische Verwaltung zu entziehen. Die Entziehung erfolgt auf Vorschlag der Industrie- und Handelskammer durch das Registergericht. Dieses bestellt auf Vorschlag der Industrie- und Handelskammer eine Wertpapiersammelbank als Treuhänder. Die Kapitalgesellschaft ist verpflichtet, der Wertpapiersammelbank das Treuhandvermögen unverzüglich zu übergeben und die für dieses bestimmten Beträge an sie abzuführen.

(3) Auf die Maßnahmen der Industrie- und Handelskammer auf Grund dieser Vorschriften finden die Bestimmungen über die Heranziehung zu Industrie- und Handelskammerbeiträgen Anwendung. Die Anwendung von polizeilichem Zwang erfolgt nach Maßgabe der Landesgesetze.

Verzugswirkungen.

§ 27. Eine Kapitalgesellschaft, die ihren Verpflichtungen aus § 2 der Verordnung nicht fristgerecht nachkommt, hat den in Schatzanweisungen treuhänderisch anzulegenden Betrag für die Dauer des Verzuges mit 5 vom Hundert zu verzinsen. Das gleiche gilt für die Verpflichtung der Anteilseigner, die nach § 20 Gewinnanteile zu erstatten haben. Der Reichswirtschaftsminister kann den Zinssatz ändern.

Zweiter Abschnitt.

Steuerliche Vorschriften.

Steuerliche Behandlung des Treuhandvermögens.

§ 28. (1) Das Treuhandvermögen und seine Erträge unterliegen nicht der Vermögensteuer, der Aufbringungsumlage, der Körperschaftsteuer und der Gewerbesteuer.

(2) Die Tragung der Kosten des Treuhandvermögens (§ 22) gilt nicht als eine verdeckte Gewinnausschüttung, soweit sie einhalb vom Hundert nicht übersteigt.

Steuerliche Behandlung des nicht zur Auszahlung gelangenden Teils der Ausschüttung bei den Anteilseignern.

§ 29. (1) Der nach § 2 der Verordnung nicht zur Auszahlung gelangende Teil des ausgeschütteten Gewinns und die Erträge des

Treuhandvermögens sind bei der Veranlagung der Anteilseigner zur Einkommensteuer, Körperschaftsteuer, Gewerbesteuer, Vermögensteuer und Aufbringungsumlage erst für das Kalenderjahr zugrunde zu legen, in dem das Treuhandvermögen aufgelöst wird und den Anteilseignern zufließt.

(2) Der Steuerabzug vom Kapitalertrag von dem nicht zur Auszahlung gelangenden Teil des ausgeschütteten Gewinns ist von der Kapitalgesellschaft erst an dem Tag vorzunehmen, an dem das Treuhandvermögen den Anteilseignern zufließt.

Börsenumsatzsteuer bei Anschaffungsgeschäften über Schatzanweisungen.

§ 30. Unterliegen Anschaffungsgeschäfte über Schatzanweisungen der Börsenumsatzsteuer, so ist, wenn bei dem Anschaffungsgeschäft nichts anderes vereinbart oder handelsüblich ist, die Börsenumsatzsteuer aus Mitteln und zu Lasten des Treuhandvermögens zu entrichten.

Anmeldung der Dividendenabgabe.

§ 31. (1) Die gesetzlichen Vertreter der Kapitalgesellschaft sind verpflichtet, den Betrag der Dividendenabgabe nach §§ 3 bis 5 der Verordnung und den vorstehenden §§ 1 bis 17 zu errechnen und bei dem Finanzamt binnen zwei Wochen ab dem Tag der Beschlußfassung über die Gewinnverteilung unter Verwendung des amtlichen Vordrucks anzumelden.

(2) Ist eine Ausschüttung von mehr als 6 vom Hundert des eingezahlten Gesellschaftskapitals v o r der Verkündung der Verordnung beschlossen worden, so hat die Anmeldung spätestens am 31. Oktober 1941 zu erfolgen. Ist eine Ausschüttung von mehr als 6 vom Hundert des eingezahlten Gesellschaftskapitals n a ch der Verkündung der Verordnung, aber vor der Verkündung dieser Durchführungsverordnung beschlossen worden, so hat die Anmeldung binnen zwei Wochen ab der Verkündung der Durchführungsverordnung zu erfolgen.

(3) Die gesetzlichen Vertreter der Kapitalgesellschaft haben in der Anmeldung zu versichern, daß sie die Anmeldung nach bestem Wissen und Gewissen richtig und vollständig gemacht haben.

(4) Eine Abschrift des Gewinnverteilungsbeschlusses ist der Anmeldung beizufügen.

Festsetzung und Entrichtung der Dividendenabgabe.

§ 32. (1) Das Finanzamt setzt die Dividendenabgabe fest. Ein Bescheid über die Höhe der Dividendenabgabe wird nur dann erteilt, wenn der festgesetzte Betrag der Dividendenabgabe von dem angemeldeten Betrag abweicht. Der Bescheid gilt als Steuerbescheid im Sinne des § 212 der Reichsabgabenordnung.

(2) Die Dividendenabgabe ist gleichzeitig mit der Anmeldung an das Finanzamt zu entrichten. In den Fällen des § 5 Abs. 4 der Verordnung ist die Dividendenabgabe binnen zwei Wochen ab dem Tag des Berichtigungsbeschlusses, spätestens jedoch bis zum 31. Dezember 1941 abzuführen.

Zweiter Teil.

Berichtigung des Gesellschafskapitals.

Erster Abschnitt.

Wirtschaftsrechtliche Vorschriften.

Zeitliche Grenze für die Kapitalberichtigung.

§ 33. (1) Die Beschlußfassung über die Gewinnausschüttung für ein Geschäftsjahr, für das nach § 9 Abs. 1 der Verordnung die Kapitalberichtigung zulässig ist, steht der Kapitalberichtigung auf einen anderen nach § 9 Abs. 1 der Verordnung zulässigen Berichtigungsstichtag nicht entgegen.

(2) Kapitalgesellschaften, deren am 31. Dezember 1940 laufendes Geschäftsjahr nach dem 1. April 1941 endet, können ihr Gesellschaftskapital auch noch auf das Ende des am 31. Dezember 1941 laufenden Geschäftsjahrs berichtigen.

(3) In den Fällen des § 5 Abs. 4 der Verordnung muß über die Berichtigung des Kapitals vor dem 15. Dezember 1941 Beschluß gefaßt werden.

Kreis der zur Kapitalberichtigung zugelassenen Gesellschaften.

§ 34. Das Recht, ihre Handelsbilanz in vereinfachter Form zu berichtigen, steht auch Kapitalgesellschaften, die bisher nicht mehr als 6 vom Hundert des eingezahlten Gesellschaftskapitals ausgeschüttet haben, zu.

Kapitalberichtigung bei Neugründungen.

§ 35. Kapitalgesellschaften, deren erstes Geschäftsjahr nach dem 1. Januar 1939 endet, können ihr Gesellschaftskapital um die in der Eröffnungsbilanz ausgewiesenen offenen Rücklagen berichtigen. Die in der berichtigten Bilanz ausgewiesenen offenen Rücklagen müssen 10 vom Hundert des berichtigten Gesellschaftskapitals erreichen.

Kapitalgesellschaften in den eingegliederten Gebieten.

§ 36. Kapitalgesellschaften mit Sitz in Gebieten, die durch Eingliederung im Wege der Gesetzgebung Bestandteil des Deutschen Reichs geworden sind, können ihre Bilanz in der gleichen Weise berichtigen wie neu gegründete Kapitalgesellschaften (§ 35), soweit sie bereits eine Reichsmarkeröffnungsbilanz aufgestellt haben. Dabei sind die in der Reichsmarkeröffnungsbilanz ausgewiesenen offenen Rücklagen zugrunde zu legen. Weicht die steuerliche Reichsmarkeröffnungsbilanz von der handelsrechtlichen Reichsmarkeröffnungsbilanz ab, so dürfen die Wertansätze der steuerlichen Reichsmarkeröffnungsbilanz nicht überschritten werden.

Unterschiedsbeträge.

§ 37. Die Summe der Unterschiedsbeträge nach § 8 Abs. 2 Buchst. b der Verordnung setzt sich aus den Mehr- und Minderbeträgen zusammen, die sich beim Vergleich der einzelnen Wertansätze der Vergleichsbilanzen miteinander ergeben.

Umfang der Kapitalberichtigung.

§ 38. Das nach § 8 Abs. 2 Buchst. b und Abs. 3 der Verordnung zulässige Ausmaß der Kapitalberichtigung erhöht sich um 50 vom Hundert des Betrags, um den der Wert der kurzlebigen Wirtschaftsgüter in der Vermögensaufstellung, die der Veranlagung der Kapitalgesellschaft zur Vermögensteuer nach dem Stand am 1. Januar 1940 zugrunde gelegt worden ist, den Buchwert in der entsprechenden Körperschaftsteuerbilanz übersteigt.

Kapitalberichtigung aus Aufgeld.

§ 39. Ist die Erhöhung des Grundkapitals einer Aktiengesellschaft erst nach Ablauf des im Kalenderjahr 1938 endenden Geschäftsjahrs wirksam geworden, so kann sie ihr Grundkapital auch um den nach § 130 Abs. 2 Nr. 2 des Aktiengesetzes anläßlich der Kapitalerhöhung in die gesetzliche Rücklage eingestellten Betrag berichtigen, soweit die gesetzliche Rücklage 10 vom Hundert des erhöhten, aber nicht berichtigten Grundkapitals übersteigt.

Kapitalerhöhungen nach dem Berichtigungsstichtag.

§ 40. Kapitalerhöhungen, die erst nach dem Berichtigungsstichtag wirksam geworden sind, können in der berichtigten Bilanz als vollzogen berücksichtigt werden.

Verschmelzung und Umwandlung.

§ 41. (1) Kapitalgesellschaften, auf die nach Ablauf des im Kalenderjahr 1938 endenden Geschäftsjahrs das Vermögen einer anderen Kapitalgesellschaft im Wege der Verschmelzung, der Vermögensübertragung oder der Umwandlung übertragen worden ist, können ihr Gesellschaftskapital, unbeschadet der Bestimmungen des § 8 Abs. 3 der Verordnung, auch um den Betrag berichtigen, um den die Kapitalgesellschaft, die ihr Vermögen übertragen hat, nach den Bestimmungen der Verordnung und nach ihren Durchführungsbestimmungen ihr Gesellschaftskapital hätte berichtigen können.

(2) Ist das Vermögen eines Unternehmens übernommen worden, das nicht in die Form einer Kapitalgesellschaft im Sinne der Verordnung gekleidet war, so kann die übernehmende Kapitalgesellschaft ihr Gesellschaftskapital um den Betrag berichtigen, um den das Unternehmen, das sein Vermögen übertragen hat, sein Gesellschaftskapital hätte berichtigen können, wenn es eine Kapitalgesellschaft gewesen wäre.

Kapitalberichtigung aus dem Zuwachs von Anteilsrechten.

§ 42. Ist eine Kapitalgesellschaft Anteilseigner einer anderen Kapitalgesellschaft und berichtigt die andere Kapitalgesellschaft ihr Gesellschaftskapital, so ist die besitzende Kapitalgesellschaft, wenn und insoweit sie bereits in dem am 31. Dezember 1938 endenden oder dem zu diesem Zeitpunkt laufenden Geschäftsjahr Anteilseigner gewesen ist, berechtigt:

a) die Anteilsrechte abweichend von den gesetzlichen Bestimmungen über die Wertansätze von Wertpapieren und Beteiligungen in ihrer Handelsbilanz nach den Bestimmungen des § 40 Abs. 2 des Handelsgesetzbuchs neu zu bewerten, gleichviel, ob die Anteilsrechte in Wertpapieren verkörpert sind oder nicht. Der Wertansatz der alten und der zusätzlich zugeteilten Anteilsrechte darf insgesamt die Bewertung nicht überschreiten, welche die alten Anteilsrechte bei der letzten Hauptfeststellung der Einheitswerte (1. Januar 1940) gefunden haben;

b) in dem Ausmaß ihr Gesellschaftskapital zu berichtigen, in dem der Wertansatz der Anteilsrechte nach a deren Wertansatz in der Handelsbilanz des im Kalenderjahr 1938 endenden Geschäftsjahrs übersteigt. Dies ist auch dann zulässig, wenn der Zuwachs an Anteilsrechten erst nach dem Berichtigungsstichtag der besitzenden Kapitalgesellschaft erfolgt. § 8 Abs. 2 Buchst. b und Abs. 3 der Verordnung findet insoweit keine Anwendung.

Wertansätze in der berichtigten Handelsbilanz.

§ 43. (1) Die gesetzlichen Bestimmungen über die Wertansätze in der Handelsbilanz bleiben unberührt. Insbesondere gilt der Zuwachs an Anteilsrechten im Zuge der Kapitalberichtigung nicht als Zugang in handelsrechtlichem Sinne. Als Anschaffungskosten der vor der Berichtigung des Kapitals einer Kapitalgesellschaft erworbenen und der zusätzlich zugeteilten Anteilsrechte gelten die Anschaffungskosten der vor der Kapitalberichtigung erworbenen Anteilsrechte. Die Sonderregelung des § 42 Buchst. a bleibt unberührt.

(2) Im Rahmen des Wertansatzes nach Abs. 1 können die Beträge, die zur Kapitalberichtigung verwendet werden, durch Zuschreibung zu jedem Posten der Aktivseite sowie durch Auflösung jeden Postens der Passivseite gewonnen werden.

Inhalt der berichtigten Handelsbilanz.

§ 44. (1) In der berichtigten Handelsbilanz ist, soweit die §§ 35, 36 nichts anderes bestimmen, eine gesetzliche Rücklage in Höhe von mindestens 10 vom Hundert des unberichtigten Gesellschaftskapitals auszuweisen.

(2) Rücklagen zugunsten von Pensions-, Witwen-, Waisen-, Sterbe-, Kranken-, Unterstützungskassen oder für ähnliche Zwecke der Gefolgschaftsversorgung sind aus der Handelsbilanz des letzten, nicht unter die Bestimmungen der Verordnung fallenden Geschäftsjahrs unverändert zu übernehmen, es sei denn, daß diese zweckgebundenen Rücklagen im Zeitpunkt der Kapitalberichtigung bereits ihrer Bestimmung zugeführt worden sind.

Wahrung der gesellschaftsrechtlichen Beziehungen.

§ 45. Durch die Berichtigung des Gesellschaftskapitals dürfen die Mitgliedschaftsrechte und die gesellschaftsrechtlichen Beziehungen der Anteilseigner oder mehrerer Gattungen von Anteilen zueinander, gleichviel, ob sie anteilsmäßig oder nichtanteilsmäßig gegeneinander abgegrenzt sind, ihrem wirtschaftlichen Inhalt nach nicht verändert werden.

Anteile mit verschiedener Einzahlung.

§ 46. (1) Bei Kapitalgesellschaften, deren Gesellschaftskapital sich aus volleingezahlten und teileingezahlten Anteilsrechten zusammensetzt, nehmen die teileingezahlten Anteilsrechte entsprechend ihrem Nennbetrag an der Kapitalberichtigung teil, wenn sich für beide Gattungen von Anteilsrechten Stimmrecht, Beteiligung am Gewinn und Beteiligung am Vermögen nach dem Nennbetrag bestimmen.

(2) Bestimmen sich Beteiligung am Gewinn und Stimmrecht nach der Höhe des je Anteilsrecht eingezahlten Kapitals, die Beteiligung am Vermögen jedoch nach dem Nennbetrag der Anteilsrechte, so wachsen den teileingezahlten Anteilen im Zeitpunkt der Kapitalberichtigung zusätzliche Anteilsrechte nur entsprechend dem auf sie eingezahlten Teil zu. Die Angleichung ihrer nach dem Nennbetrag sich richtenden Beteiligung am Vermögen an die der volleingezahlten Anteilsrechte erfolgt durch die Gewährung zusätzlicher Anteilsrechte in dem Zeitpunkt und in dem Maße, in dem weitere Beträge auf die teileingezahlten Anteilsrechte eingezahlt werden. Zur Sicherung der dem Nennbetrag entsprechenden Beträge der teileingezahlten Anteilsrechte am Vermögen nach dem Stande vor der Kapitalberichtigung ist aus dem für die Kapitalberichtigung verfügbaren Betrag in der Bilanz eine Sonderrücklage zu bilden, die dem Unterschied zwischen den Nennbeträgen der volleingezahlten und der teileingezahlten Anteilsrechte entspricht; diese ist nach Maßgabe späterer Einzahlung aufzulösen. Die hiernach sich ergebenden Rechte der teileingezahlten Anteile sind in der Satzung sicherzustellen.

(3) Die bestehenden Einzahlungsverpflichtungen auf Anteile werden durch die Berichtigung des Gesellschaftskapitals nicht berührt. Soweit Zusatzaktien ausgegeben werden, nehmen sie an der Einzahlungsverpflichtung in dem Verhältnis teil, in dem in den Fällen des Abs. 1 der Nennbetrag der Aktie, in den Fällen des Abs. 2 der auf die Aktie eingezahlte Betrag zu dem Nennbetrag der Zusatzaktie steht. Die auf den Stücken ruhende Einzahlungsverpflichtung ist auf ihnen zu vermerken.

Gattungen von Anteilen mit verschiedenen Rechten.

§ 47. (1) Bei Kapitalgesellschaften, bei denen die Rechte der Anteilseigner in bezug auf Stimmrecht, Gewinn- oder Vermögensverteilung oder sonstige Gesellschaftsrechte ungleich sind, nehmen alle Gattungen von Anteilen in gleichem Umfange an der Berichtigung teil, soweit die Rechte anteilig bemessen sind.

(2) Sind Anteile am Reingewinn und für den Fall der Auflösung der Gesellschaft am Abwicklungserlös nur mit einem festen Hundertsatz ihres Nennbetrags oder mit einem festen Betrag beteiligt, so nehmen sie insoweit an einer Berichtigung des Gesellschaftskapitals nicht teil.

Eigene Anteile.

§ 48. Eigene Anteilsrechte sind bei der Berichtigung des Gesellschaftskapitals wie die übrigen Anteilsrechte zu behandeln.

Bedingtes Kapital.

§ 49. Bedingtes Kapital (§§ 159 ff. des Aktiengesetzes) nimmt an der Kapitalberichtigung teil. In Höhe des Erhöhungsbetrags, der auf das bedingte Kapital entfällt, ist in der Bilanz eine Sonderrücklage zu bilden; diese ist bei Ausgabe von Bezugsaktien aus dem bedingten Kapital anteilig aufzulösen. Ein nach Erlöschen der Bezugsrechte verbliebener Rest der Sonderrücklage ist in die gesetzliche Rücklage einzustellen.

Wegfall von Genehmigungspflichten.

§ 50. (1) Berichtigt eine Kapitalgesellschaft, die den Betrieb von Versicherungsgeschäften zum Gegenstand hat, ihr Gesellschaftskapital, so gilt die Änderung des Gesellschaftsvertrags oder der Satzung insoweit nicht als eine Änderung des Geschäftsplans im Sinne des § 13 des Versicherungsaufsichtsgesetzes, als sie in Durchführung des § 52 vorgenommen wird. Die Berichtigung des Gesellschaftskapitals sowie die Änderung des Gesellschaftsvertrags oder der Satzung ist der Aufsichtsbehörde unverzüglich anzuzeigen.

(2) Bei Durchführung der Kapitalberichtigung bedarf es keiner Genehmigung

a) für die Ausgabe von Aktien, die den Mindestnennbetrag nicht erreichen (§ 8 Abs. 2 des Aktiengesetzes),

b) für die Ausgabe zusätzlicher Mehrstimmrechtsaktien (§ 12 Abs. 2 des Aktiengesetzes),

c) für die Ausgabe von Wandelschuldverschreibungen (§ 174 Abs. 2 des Aktiengesetzes).

Stückelung der Aktien.

§ 51. (1) Führt die Berichtigung des Gesellschaftskapitals zu Nennbeträgen der Anteilsrechte, die durch hundert nicht teilbar sind, so kann eine Aktiengesellschaft die Kapitalberichtigung in der Weise durchführen, daß den Anteilseignern ein Bezugsrecht auf den Teil des zusätzlichen Anteilsrechts gewährt wird, der den Betrag von 100 Reichsmark unterschreitet. Das Bezugsrecht ist selbständig veräußerlich und vererblich. Es kann nur in der Weise ausgeübt werden, daß der Berechtigte auf 100 Reichsmark lautende zusätzliche Anteilsrechte bezieht.

(2) Aktiengesellschaften, deren Aktien zum amtlichen Handel an einer Wertpapierbörse oder zum Freiverkehr zugelassen sind, dürfen die Kapitalberichtigung nur in der Weise durchführen, daß Umtauschaktien und Zusatzaktien auf einen Nennbetrag von 1000 Reichsmark oder 100 Reichsmark lauten. Die Heraufstempelung ist nur zulässig,

wenn die Aktien durch die Heraufstempelung einen Nennbetrag von 1000 Reichsmark erhalten.

Satzungsänderungen und Rechtsschutz.

§ 52. (1) Der Vorstand und der Aufsichtsrat haben die aus dem Anteilsrecht sich ergebenden Mitgliedschaftsrechte der Anteilseigner und die gesellschaftsrechtlichen Beziehungen der einzelnen Gattungen von Anteilsrechten unter Einhaltung der Vorschrift des § 45 neu festzustellen. Sind die Mitgliedschaftsrechte im Verhältnis zueinander nicht anteilig bemessen, so ist festzustellen, ob und inwieweit die Anteilsrechte zwecks Einhaltung der Vorschrift des § 45 an der Kapitalberichtigung teilnehmen.

(2) Gleichzeitig mit der Kapitalberichtigung ist die Satzung der Kapitalgesellschaft, soweit in ihr die Mitgliedschaftsrechte der einzelnen Anteilseigner und die gesellschaftsrechtlichen Beziehungen der einzelnen Gattungen von Anteilen niedergelegt sind, entsprechend der Neufeststellung dieser Rechte durch Vorstand und Aufsichtsrat zu ändern. Zur Vornahme der Satzungsänderung und zu ihrer Anmeldung im Handelsregister können der Vorstand und der Aufsichtsrat durch Ordnungsstrafen angehalten werden. Mit der Eintragung der Satzungsänderung im Handelsregister bestimmen sich die Mitgliedschaftsrechte der einzelnen Anteilseigner und die gesellschaftsrechtlichen Beziehungen der Gattungen von Anteilen nach dem neuen Inhalt der Satzung.

(3) Jeder Anteilseigner kann die Satzungsänderung mit der Begründung, daß die Vorschriften des § 45 und des Abs. 1 nicht gewahrt seien, durch Anrufung einer Spruchstelle (§ 55) anfechten. Die Anfechtung muß innerhalb eines Monats nach der Bekanntmachung der Satzungsänderung im Deutschen Reichsanzeiger erhoben werden. Die Spruchstelle hat die Mitgliedschaftsrechte der einzelnen Anteilseigner und die gesellschaftsrechtlichen Beziehungen der Gattungen von Anteilen entsprechend den Vorschriften des § 45 und des Abs. 1 festzustellen. Ihre Entscheidung wirkt, soweit sie nichts anderes bestimmt, für und gegen alle Anteilseigner. Vorstand und Aufsichtsrat sind verpflichtet, die Satzung entsprechend der Entscheidung der Spruchstelle zu ändern und zur Eintragung im Handelsregister anzumelden.

(4) Ist der Inhalt von Aktienurkunden infolge der Kapitalberichtigung abgesehen vom Nennbetrag durch eine sonstige Veränderung der rechtlichen Verhältnisse unrichtig geworden, so darf die Heraufstempelung der Aktien, der Umtausch der Aktien oder die

Ausgabe von Zusatzaktien erst nach Ablauf der Anfechtungsfrist (Abs. 3) oder, wenn die Spruchstelle angerufen ist, erst nach Rechtskraft der Entscheidung der Spruchstelle erfolgen.

(5) Kann die Berichtigung des Gesellschaftskapitals unter Einhaltung der Vorschriften des § 45 und des Abs. 1 nicht durchgeführt werden, so kann mit Genehmigung des Reichswirtschaftsministers oder einer von ihm zu bestimmenden Stelle von der Einhaltung der Vorschriften des § 45 und des Abs. 1 abgesehen werden; die dabei vom Reichswirtschaftsminister oder von der von ihm bestimmten Stelle getroffenen Anordnungen über die Änderungen der Mitgliedschaftsrechte der Anteilseigner und der gesellschaftsrechtlichen Beziehungen der Gattungen von Anteilen sind für die Kapitalgesellschaft und die Anteilseigner, wenn die Kapitalberichtigung durchgeführt wird, verbindlich. Abs. 3 Satz 5 gilt entsprechend.

Ausweis der Kapitalberichtigung.

§ 53. (1) Die Kapitalberichtigung ist in der Form auszuweisen, daß entweder der berichtigten Bilanz eine Jahresbilanz gegenübergestellt wird, wie sie sich ergäbe, wenn eine Kapitalberichtigung nicht stattgefunden hätte (Abschlußbilanz), oder folgendermaßen:

1. in der Bilanz sind beim Gesellschaftskapital einschließlich des bedingten Kapitals der Kapitalerhöhungsbetrag, bei den einzelnen Posten des Anlagevermögens etwaige Zuschreibungen gesondert auszuweisen;
2. in der Gewinn- und Verlust-Rechnung sind unbeschadet einer weiteren Gliederung folgende Sonderposten auszuweisen:
   a) auf der Seite der Erträge:
   Auflösungsbeträge zur Kapitalberichtigung
      1. aus der gesetzlichen Rücklage,
      2. aus freien Rücklagen und aus dem Gewinnvortrag,
      3. aus der Zuschreibung zum Anlagevermögen,
      4. aus sonstigen Bilanzposten;
   b) auf der Seite der Aufwendungen:
   Zuführung zum Gesellschaftskapital.

(2) Die Höhe der gezahlten Pauschsteuer ist zu vermerken.

(3) Die Angaben nach Abs. 1 sind im Geschäftsbericht zu erläutern.

Wahrung der schuldrechtlichen Beziehungen und Rechtsschutz.

§ 54. (1) Durch die Berichtigung des Gesellschaftskapitals dürfen schuldrechtliche Beziehungen der Kapitalgesellschaft zu Dritten, die von der Gewinnausschüttung der Kapitalgesellschaft, dem Nennbetrag oder Wert ihrer Aktien oder ihres Gesellschaftskapitals oder in sonstiger Weise abhängen, ihrem wirtschaftlichen Inhalt nach nicht verändert werden.

(2) Der Vorstand und der Aufsichtsrat der Kapitalgesellschaft haben gemeinsam mit dem Dritten ihre schuldrechtliche Beziehung zueinander unter Einhaltung der Vorschrift des Abs. 1 neu festzustellen. Ist der Dritte gleichfalls eine Kapitalgesellschaft, erfolgt die Feststellung auch bei ihr durch den Vorstand und durch den Aufsichtsrat; der Mitwirkung der Hauptversammlung bedarf es bei einer Aktiengesellschaft selbst dann nicht, wenn ihre Mitwirkung für den Abschluß eines entsprechenden Vertrags gesetzlich oder satzungsmäßig vorgeschrieben ist.

(3) Entsprechend dem neu festgestellten Inhalt sind etwaige Vertragsurkunden über die schuldrechtlichen Beziehungen gemeinsam von den Beteiligten zu ändern. Sind die schuldrechtlichen Beziehungen ganz oder teilweise auch in der Satzung der beteiligten Kapitalgesellschaften niedergelegt, so ist die Satzung entsprechend der Neufeststellung der Beziehungen durch Vorstand und Aufsichtsrat zu ändern. § 52 Abs. 2 Satz 2 gilt entsprechend.

(4) Können sich die Kapitalgesellschaft und der Dritte über die Neufeststellung nicht einigen, so kann jede Partei eine Spruchstelle (§ 55) anrufen. Soweit Kapitalgesellschaften beteiligt sind, steht das Recht, die Spruchstelle anzurufen, auch einer Minderheit der Aktionäre jeder Gesellschaft zu, deren Anteile zusammen den zehnten Teil des Grundkapitals erreichen. Die Anrufung muß innerhalb von drei Monaten nach der Eintragung der Kapitalberichtigung erfolgen, es sei denn, daß beide Parteien eine spätere, nicht über neun Monate befristete Anrufung vereinbaren. Die Spruchstelle hat die schuldrechtlichen Beziehungen der Parteien entsprechend den Vorschriften der Abs. 1, 2 festzustellen. Der Vorstand und der Aufsichtsrat einer beteiligten Kapitalgesellschaft sind verpflichtet, die Satzung entsprechend der Entscheidung der Spruchstelle zu ändern und zur Eintragung zum Handelsregister anzumelden.

(5) Bestehen die schuldrechtlichen Beziehungen zu mehreren, der Kapitalgesellschaft im einzelnen nicht bekannten Personen (Inhaber von Aktien, Genußrechten, Schuldverschreibungen), so haben der Vorstand und der Aufsichtsrat der Kapitalgesellschaft die Neufeststellung unter Einhaltung der Vorschriften des Abs. 1 gleichzeitig mit der Kapitalberichtigung allein vorzunehmen und in den Gesellschaftsblättern bekanntzumachen. § 52 Abs. 2 Satz 2 gilt ent-

sprechend. Innerhalb von drei Monaten nach der Bekanntmachung kann eine Minderheit, deren Anteile zusammen mindestens ein Zehntel des Gesamtbetrags der umlaufenden Rechte erreichen, eine Spruchstelle (§ 55) anrufen; handelt es sich um das Verhältnis verschiedener Gattungen von Rechten zueinander, so steht dieses Recht auch einem Zehntel des umlaufenden Gesamtbetrags jeder Gattung zu. Für das Anrufungsrecht einer Minderheit der Kapitalgesellschaft, die ihr Gesellschaftskapital berichtigt hat, gilt Abs. 4 Satz 2 entsprechend. Im übrigen gelten Abs. 4 Satz 3 und 4 und § 52 Abs. 3 Satz 4 und Abs. 4 entsprechend.

(6) Kann die Berichtigung des Gesellschaftskapitals unter Einhaltung der Vorschriften des Abs. 1 nicht durchgeführt werden, so kann mit Genehmigung des Reichswirtschaftsministers oder einer von ihm zu bestimmenden Stelle von der Einhaltung der Vorschriften abgesehen werden; die dabei vom Reichswirtschaftsminister oder von der von ihm bestimmten Stelle getroffenen Anordnungen über die Änderung der schuldrechtlichen Beziehungen sind für die Kapitalgesellschaft und den Dritten, wenn die Kapitalberichtigung durchgeführt wird, verbindlich.

Spruchstelle.

§ 55. (1) Für die Spruchstelle der §§ 52, 54 gelten die Bestimmungen der §§ 28, 29, 31, 32 Abs. 1, Abs. 2 Satz 1, Abs. 3 der Ersten Durchführungsverordnung zum Aktiengesetz vom 29. September 1937 (Reichsgesetzbl. I S. 1026).

(2) Die Zuständigkeit der Spruchstelle ist eine ausschließliche. Ihre Entscheidung wirkt, wenn sie nichts anderes bestimmt, für und gegen alle Beteiligten.

(3) Die Spruchstelle kann die Kosten ganz oder teilweise dem Antragsteller auferlegen.

Gebühren.

§ 56. (1) Beschließt eine Gesellschaft eine Kapitalberichtigung oder eine dadurch veranlaßte Satzungsänderung, so werden für die Beurkundung des Beschlusses, für die Beurkundung oder Beglaubigung der Anmeldung zum Handelsregister und für die Eintragung in das Handelsregister die in der Kostenordnung bestimmten Gerichts- oder Notargebühren nur zur Hälfte erhoben.

(2) Wird mit einem Beschluß nach Abs. 1 zugleich ein anderer, nicht unter diese Bestimmung fallender Beschluß beurkundet, angemeldet oder eingetragen und ist dafür eine einheitliche Gebühr zu erheben, so wird nur der Teilbetrag der Gesamtgebühr auf die

Hälfte ermäßigt, der die Gebühr, die für das nicht unter Abs. 1 fallende Geschäft bei gesonderter Vornahme zu erheben wäre, übersteigt.

(3) Die Ermäßigung erstreckt sich nicht auf die Zusatzgebühr für Beurkundungen außerhalb der Geschäftsstelle und für fremdsprachliche Erklärungen (§§ 52, 53 der Kostenordnung); die Gebühr für die Beurkundung außerhalb der Geschäftsstelle darf jedoch den Betrag der für das Geschäft selbst zu erhebenden (ermäßigten) Gebühr nicht übersteigen.

(4) Die Bestimmungen über die Mindestgebühr (§ 26 Abs. 3, § 72 der Kostenordnung) bleiben unberührt.

Zweiter Abschnitt.

Steuerliche Vorschriften.

Bewertung der berichtigten Anteilsrechte bei Zugehörigkeit zum Betriebsvermögen.

§ 57. (1) Aktien, deren Nennbetrag durch Heraufstempelung oder durch Umtausch berichtigt worden ist, können mit dem letzten Buchwert zuzüglich des Betrags bewertet werden, um den sich der Nennbetrag erhöht hat. Der Teilwert im Zeitpunkt der Beendigung des Kapitalberichtigungsverfahrens darf jedoch nicht überschritten werden.

(2) Wird der Nennbetrag der Aktien durch Ausgabe von Zusatzaktien berichtigt, so können für die Bewertung der alten Aktien und der Zusatzaktien der Buchwert der alten Aktien und der Nennbetrag der Zusatzaktien zusammengerechnet werden. Der Gesamtbetrag ist im Verhältnis der Nennbeträge auf die einzelnen Aktien zu verteilen. Ist der Teilwert der alten Aktien und der Zusatzaktien im Zeitpunkt der Beendigung des Kapitalberichtigungsverfahrens niedriger als der Gesamtbetrag, so tritt der Teilwert an die Stelle des Gesamtbetrags. Die vorstehenden Bestimmungen gelten entsprechend für die Bewertung von Bezugsrechten im Sinne des § 51.

Anschaffungskosten der berichtigten Anteilsrechte bei Zugehörigkeit zum Privatvermögen.

§ 58. (1) Wird der Nennbetrag der Aktien durch Heraufstempelung oder Umtausch berichtigt, so stellt der Betrag, um den sich der Nennbetrag erhöht hat, zusätzliche Anschaffungskosten im Sinne der §§ 17 und 23 des Einkommensteuergesetzes dar.

(2) Wird der Nennbetrag der Aktien durch Ausgabe von Zusatzaktien berichtigt, so sind für die Ermittlung der Anschaffungskosten

der alten Aktien und der Zusatzaktien die Anschaffungskosten der alten Aktien und der Nennbetrag der Zusatzaktien zusammenzurechnen. Der Gesamtbetrag ist im Verhältnis der Nennbeträge auf die einzelnen Aktien zu verteilen.

(3) Die Abs. 1 und 2 gelten nicht, wenn der gemeine Wert der berichtigten Anteilsrechte im Zeitpunkt der Beendigung des Kapitalberichtigungsverfahrens niedriger ist als der sich aus den Abs. 1 und 2 ergebende Gesamtbetrag der Anschaffungskosten. In diesem Fall sind der gemeine Wert oder die vor der Kapitalberichtigung aufgewandten Anschaffungskosten, wenn sie höher sind als der gemeine Wert, als Anschaffungskosten der berichtigten Aktien anzusehen.

Steuerliche Behandlung der zusätzlich gewährten Anteilsrechte bei den Anteilseignern.

§ 59. (1) Der Zuwachs an Anteilsrechten bleibt bei der Ermittlung der steuerpflichtigen Einkünfte der Anteilseigner außer Ansatz. Das gilt bei Anteilsrechten, die zu einem Betriebsvermögen gehören, nur für das Kalenderjahr (Wirtschaftsjahr), in dem die Höherbewertung nach § 57 erstmalig zulässig war.

(2) Ein Steuerabzug vom Kapitalertrag ist von den zusätzlich gewährten Anteilsrechten nicht vorzunehmen.

Fristberechnung bei Spekulationsgeschäften und bei der Schachtelvergünstigung.

§ 60. (1) Wird der Nennbetrag der Aktien durch Heraufstempelung oder Umtausch berichtigt, so wird im Falle der Veräußerung der heraufgestempelten oder umgetauschten Aktien der Fristablauf des § 23 des Einkommensteuergesetzes durch die Heraufstempelung oder den Umtausch nicht berührt.

(2) Wird der Nennbetrag der Aktien durch Ausgabe von Zusatzaktien oder durch Gewährung von Bezugsrechten im Sinne des § 51 berichtigt, so berechnet sich die Frist des § 23 des Einkommensteuergesetzes auch im Falle der Veräußerung der Zusatzaktien und der Bezugsrechte nach dem Zeitpunkt des Erwerbs der alten Aktien.

(3) Die Fristberechnung bei der Schachtelvergünstigung (§ 22 der Ersten Körperschaftsteuer-Durchführungsverordnung) wird durch die Kapitalberichtigung nicht berührt; sie richtet sich, auch wenn Zusatzaktien ausgegeben werden, nach der Besitzdauer der alten Aktien.

Abgrenzung der Pauschsteuer.

§ 61. Die Abs. 1, 2, 4 und 5 des § 13 der Verordnung finden auf die Kapitalberichtigung aus dem Zuwachs von Anteilsrechten (§ 42) keine Anwendung.

Erhebung der Pauschsteuer.

§ 62. (1) Die Pauschsteuer wird unabhängig davon erhoben, ob der Zuwachs an Anteilsrechten bei den Anteilseignern nach den allgemeinen steuerlichen Vorschriften der Einkommensteuer oder der Körperschaftsteuer unterliegen würde. Das gilt nicht, wenn die zusätzlichen Anteilsrechte einer Kapitalgesellschaft, einem Einzelunternehmer oder einer Personengesellschaft gewährt werden, die mit der berichtigenden Kapitalgesellschaft einen körperschaftsteuerlich anerkannten Gewinnausschließungsvertrag abgeschlossen haben.

(2) Auf den Zuwachs von Anteilsrechten in Fällen des Abs. 1 Satz 2 findet § 13 Abs. 5 der Verordnung keine Anwendung.

Pauschsteuer und Gewinnausschließungsverträge.

§ 63. (1) Besteht zwischen Kapitalgesellschaften ein körperschaftsteuerlich anerkannter Gewinnausschließungsvertrag und verwendet die Obergesellschaft den Zuwachs an Anteilsrechten zu einer Berichtigung ihres Kapitals, so gilt § 61 insoweit nicht.

(2) Verwendet die Obergesellschaft den Zuwachs an Anteilsrechten zu einer Änderung der Wertansätze in ihrer Bilanz, ohne ihr Kapital zu berichtigen, so hat sie die Pauschsteuer in der gleichen Höhe zu entrichten, wie sie von der Untergesellschaft ohne das Bestehen des Gewinnausschließungsvertrags zu erheben gewesen wäre.

(3) Abs. 2 gilt sinngemäß, wenn ein körperschaftsteuerlich anerkannter Gewinnausschließungsvertrag zwischen einer Körperschaft und einem Einzelunternehmer oder einer Personengesellschaft abgeschlossen ist.

Berechnung der Pauschsteuer in Sonderfällen.

§ 64. (1) Wird das Gesellschaftskapital um mehr als 100 vom Hundert, aber weniger als 200 vom Hundert erhöht, so wird die Pauschsteuer insoweit nicht erhoben, als sie höher ist als der Betrag, der sich bei einer Erhöhung des Gesellschaftskapitals um 100 vom Hundert ergeben würde, zuzüglich der Hälfte des das Gesellschaftskapital übersteigenden Erhöhungsbetrags.

(2) Wird das Gesellschaftskapital um mehr als 200 vom Hundert erhöht, so wird die Pauschsteuer insoweit nicht erhoben, als sie höher ist als der Betrag, der sich bei einer Kapitalerhöhung um 200 vom Hundert des Gesellschaftskapitals ergeben würde, zuzüglich der Hälfte des 200 vom Hundert des Gesellschaftskapitals übersteigenden Erhöhungsbetrags.

Mitteilung der Kapitalberichtigung an das Finanzamt.

§ 65. (1) Die gesetzlichen Vertreter der Kapitalgesellschaft sind verpflichtet, dem Finanzamt die Kapitalberichtigung binnen zwei Wochen ab dem Tag des Berichtigungsbeschlusses unter Verwendung des amtlichen Vordrucks mitzuteilen. Ist eine Kapitalberichtigung vor der Verkündung dieser Durchführungsverordnung erfolgt, so hat die Mitteilung binnen zwei Wochen ab der Verkündung zu erfolgen.

(2) Die gesetzlichen Vertreter der Kapitalgesellschaft haben in der Mitteilung zu versichern, daß sie die Mitteilung nach bestem Wissen und Gewissen richtig und vollständig gemacht haben.

(3) Eine Abschrift des Berichtigungsbeschlusses ist der Mitteilung beizufügen.

Festsetzung und Entrichtung der Pauschsteuer.

§ 66. (1) Das Finanzamt setzt die Pauschsteuer fest und erteilt über die Höhe der festgesetzten Pauschsteuer einen Bescheid. Der Bescheid gilt als Steuerbescheid im Sinne des § 212 der Reichsabgabenordnung.

(2) Die Pauschsteuer wird in drei gleichen Teilbeträgen fällig. Die Teilbeträge sind wie folgt an das Finanzamt (Finanzkasse) abzuführen:

der erste Teilbetrag
einen Monat nach Zustellung des Bescheids,
der zweite Teilbetrag
ein Jahr nach Zustellung des Bescheids,
der dritte Teilbetrag
zwei Jahre nach Zustellung des Bescheids.

(3) Nimmt bedingtes Kapital an der Kapitalberichtigung teil (§ 49), so ist der auf diesen Teil der zusätzlichen Anteilsrechte entfallende Teil der Pauschsteuer bei Ausgabe der Bezugsaktien fällig.

(4) Werden zusätzliche Anteilsrechte ausgegeben, um nach Maßgabe späterer Einzahlungen auf sie die Beteiligung teileingezahlter Anteile am Vermögen der der volleingezahlten anzugleichen (§ 46 Abs. 2), so ist der auf sie entfallende Teil der Pauschsteuer bei Ausgabe dieses Teiles der zusätzlichen Anteilsrechte fällig.

Dritter Teil.

Sonderregelungen.

Vorauszahlungen auf Gewinnausschüttungen.

§ 67. (1) Sind nach dem Ermessen des Vorstands einer Kapitalgesellschaft Ausmaß oder Zeitpunkt einer Kapitalberichtigung nicht alsbald festzustellen, so kann sie, wenn sie über die Verteilung des Reingewinns für das erste, unter die Bestimmungen der Verordnung fallende Geschäftsjahr (§ 5 der Verordnung) noch nicht Beschluß gefaßt hat, den Anteilseignern einmalig eine Vorauszahlung auf die Gewinnausschüttung für dieses Geschäftsjahr leisten. Der Hundertsatz der Vorauszahlung darf 6 vom Hundert des eingezahlten Gesellschaftskapitals nicht überschreiten und nicht höher sein als der zuletzt ausgeschüttete Hundertsatz.

(2) Über die Vorauszahlung beschließt der Aufsichtsrat im Einvernehmen mit dem Vorstand. § 54 Abs. 1, § 52 Satz 1 zweiter Halbsatz, § 126 des Aktiengesetzes gelten insoweit nicht. Vorstand und Aufsichtsrat haften dafür, daß die Vorauszahlung den Reingewinn in dem abgelaufenen Geschäftsjahr nicht übersteigt.

Steuerliche Behandlung der Restausschüttungen.

§ 68. (1) Hat eine Kapitalgesellschaft nach § 67 Vorauszahlungen auf Gewinnausschüttungen geleistet, so gelten Restausschüttungen, die in der Zeit ab dem 1. Januar 1942 bis zum 28. Februar 1942 erfolgen, bei der Veranlagung der Anteilseigner zur Einkommensteuer und zur Körperschaftsteuer als mit dem 31. Dezember 1941 zugeflossen.

(2) Restausschüttungen, die in der Zeit ab dem 1. Januar 1942 bis zum 28. Februar 1942 erfolgen, gelten bei einer Mindestbesteuerung der Kapitalgesellschaft als Mindesteinkommen des Wirtschaftsjahrs, für das sie geleistet werden. § 30 Abs. 2 der Ersten Körperschaftsteuer-Durchführungsverordnung vom 6. Februar 1935 findet keine Anwendung.

Verlängerung von Fristen.

§ 69. Für das Geschäftsjahr, für das die Dividendenabgabe erstmals erhoben wird, werden die gesetzlichen und satzungsmäßigen Fristen für die Hauptversammlung, die über die Feststellung des Jahresabschlusses, die Gewinnverteilung und die Entlastung der Verwaltungsträger zu bestimmen hat, um sechs Monate, jedoch nicht über sechs Monate nach Verkündung der Verordnung hinaus, verlängert. Entsprechend der dadurch eintretenden Verlängerung verlängern sich auch die gesetzlichen oder satzungsmäßigen Fristen für die Aufstellung, Vorlegung und Feststellung des Jahresabschlusses sowie für die Aufstellung und Vorlegung des Geschäftsberichts.

Übergangsregelung für das Berichtigungsjahr.

§ 70. Für das Geschäftsjahr, für das die Berichtigung des Gesellschaftskapitals erfolgt, ist der für die Berechnung des Anteils der Aufsichtsratsmitglieder am Jahresgewinn (§ 98 Abs. 3 des Aktiengesetzes) vorgeschriebene Abzug von 4 vom Hundert der geleisteten Einlagen so zu berechnen, als habe eine Kapitalberichtigung nicht stattgefunden.

Aktien in Sammelverwahrung.

§ 71. Sind Anteilsrechte von Aktiengesellschaften, die zum amtlichen Handel an einer Wertpapierbörse oder zum Freiverkehr zugelassen sind, zur Sammelverwahrung einer Wertpapiersammelbank anvertraut, so wachsen die zusätzlichen Anteilsrechte dem Sammelbestand der Wertpapiersammelbank zu. Der Anspruch auf Heraufstempelung oder auf Ausfolgung von Zusatzaktien ist Teil des Sammelbestandes der Wertpapiersammelbank im Sinne der Vorschriften des Gesetzes über die Verwahrung und Anschaffung von Wertpapieren vom 4. Februar 1937 (Reichsgesetzbl. I S. 171).

Erstreckung der Vorschriften auf andere Kapitalgesellschaften.

§ 72. (1) Die wirtschaftsrechtlichen und steuerlichen Vorschriften, die in dieser Verordnung für Aktiengesellschaften getroffen sind, gelten auch für Kommanditgesellschaften auf Aktien. Das gleiche gilt, soweit Vorschriften des Aktienrechts für nicht anwendbar erklärt sind.

(2) Auf andere Kapitalgesellschaften finden diese Regelungen sinngemäß Anwendung. Dabei treten an die Stelle des Vorstands und des Aufsichtsrats einer Aktiengesellschaft die entsprechenden Verwaltungsträger, soweit sie vorhanden sind. Ist ein Aufsichtsrat nicht vorhanden, so tritt an dessen Stelle die Gesellschafterversammlung. Regelungen, die sich auf die gesetzliche Rücklage beziehen, finden auf die satzungsgemäße Rücklage der anderen Kapitalgesellschaften Anwendung.

Gebiete von Eupen, Malmedy und Moresnet.

§ 73. Auf Kapitalgesellschaften mit Sitz in den Gebieten von Eupen, Malmedy und Moresnet (Erlaß des Führers und Reichskanzlers vom 23. Mai 1940 — Reichsgesetzbl. I S. 803), die eine Reichsmarkeröffnungsbilanz noch nicht aufgestellt haben, finden die Bestimmungen der Verordnung für das erste, unter die Bestimmungen dieser Verordnung fallende Geschäftsjahr keine Anwendung, wenn die Ausschüttung nicht nach einem Hundertsatz des Gesellschaftskapitals bemessen ist.

Zusammenfassung von Industrie- und Handelskammerbezirken.

§ 74. Der Reichswirtschaftsminister kann bestimmen, daß die Aufgaben, die der Industrie- und Handelskammer übertragen sind, für die Bezirke mehrerer Industrie- und Handelskammern durch eine von ihm bestimmte Industrie- und Handelskammer wahrzunehmen sind.

Ausnahmeregelungen.

§ 75. Der Reichswirtschaftsminister kann im Einvernehmen mit den nach § 15 der Verordnung beteiligten Reichsministern Ausnahmen von den Bestimmungen dieser Verordnung zulassen.

3. Verordnung über den Kapitalverkehr.

Vom 12. Juni 1941 (RGBl. I S. 328).

Der Ministerrat für die Reichsverteidigung verordnet mit Gesetzeskraft:

§ 1. (1) Die Ausgabe von Aktien, Zwischenscheinen, Genußscheinen und ähnlichen Rechten sowie die Begebung von Anteilen am Stammkapital einer Gesellschaft mit beschränkter Haftung an den ersten Erwerber bedürfen der Genehmigung des Reichswirtschaftsministers; eine solche Ausgabe oder Begebung ist rechtswirksam, auch wenn sie der Genehmigung ermangelt.

(2) Die Genehmigung kann an Bedingungen oder Auflagen geknüpft werden.

§ 2. (1) Wer ohne Genehmigung Wertpapiere der im § 1 bezeichneten Art ausgibt oder Geschäftsanteile begibt oder wer einer bei der Erteilung der Genehmigung übernommenen Verpflichtung vorsätzlich oder fahrlässig zuwiderhandelt, wird mit einer Ordnungsstrafe belegt. Die Ordnungsstrafe wird in Geld festgesetzt, deren Höhe unbegrenzt ist. Der Reichswirtschaftsminister regelt Zuständigkeit und Verfahren für die Verhängung der Ordnungsstrafe.

(2) In besonders schweren Fällen wird statt der Ordnungsstrafe auf Gefängnis oder Geldstrafe, deren Höhe unbegrenzt ist, erkannt. Die Strafverfolgung tritt nur auf Antrag des Reichswirtschaftsministers ein.

§ 3. Der Reichswirtschaftsminister wird ermächtigt, im Einvernehmen mit dem Reichsminister der Finanzen Rechtsverordnungen und Verwaltungsvorschriften zur Durchführung und Ergänzung dieser Verordnung zu erlassen und den Zeitpunkt für das Außerkrafttreten dieser Verordnung zu bestimmen.

4. Erste Verordnung zur Durchführung der Verordnung über den Kapitalverkehr.

Vom 9. August 1941 (RGBl. I S. 515).

Auf Grund des § 3 der Verordnung über den Kapitalverkehr vom 12. Juni 1941 (Reichsgesetzbl. I S. 328) wird verordnet:

§ 1. Die im § 1 der Verordnung über den Kapitalverkehr vorgeschriebene Genehmigung ist nicht erforderlich,

1. wenn das Gesellschaftskapital der zu gründenden Gesellschaft den Betrag von 500000 Reichsmark nicht erreicht,
2. wenn der Betrag, um den das Gesellschaftskapital erhöht werden soll oder bis zu dem Genußrechte ausgegeben werden sollen, 500000 Reichsmark nicht erreicht; die Genehmigung ist jedoch erforderlich, wenn seit der nach Nr. 1 genehmigungsfreien Gründung der Gesellschaft oder einer früheren, nach Halbsatz 1 genehmigungsfreien Kapitalerhöhung oder Genußrechtsausgabe weniger als 36 Monate vergangen sind, es sei denn, daß der Betrag, um den das Gesellschaftskapital erhöht werden soll oder bis zu dem Genußrechte ausgegeben werden sollen, und der Betrag des Gesellschaftskapitals oder der früheren, nach Halbsatz 1 genehmigungsfreien Kapitalerhöhungen oder Genußrechtsausgaben zusammen 500000 Reichsmark nicht erreichen,
3. wenn die Leistungen auf die auszugebenden Aktien, Zwischenscheine, Geschäftsanteile, Genußrechte oder ähnliche Rechte ausschließlich in Sacheinlagen bestehen, es sei denn, daß die Sacheinlage in Wertpapieren oder in Forderungen erfolgen soll,
4. wenn es sich um eine Kapitalerhöhung im Wege der Berichtigung nach Abschnitt II der Verordnung zur Begrenzung von Gewinnausschüttungen (Dividendenabgabeverordnung) vom 12. Juni 1941 (Reichsgesetzbl. I S. 323) handelt,
5. für Gesellschaften, die auf Grund des Gesetzes über die Gemeinnützigkeit im Wohnungswesen — Wohnungsgemeinnützigkeitsgesetz — (WGG.) vom 29. Februar 1940 (Reichsgesetzbl. I S. 438) als gemeinnützige Wohnungsunternehmen anerkannt sind.

§ 2. (1) Der Antrag auf Erteilung der Genehmigung ist zu begründen. Er soll insbesondere Angaben darüber enthalten, zu welchen Zwecken die der Gesellschaft zufließenden Mittel verwandt werden sollen, von wem das neue Gesellschaftskapital aufgebracht wird und zu welchem Kurs die Aktien, Geschäftsanteile oder Genußrechte ausgegeben werden sollen.

(2) Dem Antrag auf Genehmigung der Beschlußfassung über eine Kapitalerhöhung oder die Ausgabe von Genußrechten sind Unterlagen über die wirtschaftliche Lage der Gesellschaft anzuschließen. Hierzu gehört insbesondere der letzte Jahresabschluß und bei Gesellschaften, die einen Geschäftsbericht erstatten, auch dieser.

§ 3. Genehmigungen, die auf Grund des Artikels 4 Abs. 4 der Ersten Verordnung zur Durchführung und Ergänzung des Anleihestockgesetzes vom 27. Februar 1935 (Reichsgesetzbl. I S. 316) in der Fassung der Verordnung vom 18. April 1935 (Reichsgesetzbl. I S. 558) erteilt worden sind, gelten auch als Genehmigungen im Sinne des § 1 der Verordnung über den Kapitalverkehr.

§ 4. (1) Die im § 1 der Verordnung über den Kapitalverkehr vorgesehene Genehmigung ist auch für die Ausgabe und die Begebung von Inhaberschuldverschreibungen erforderlich.

(2) Die Entscheidungen, die der Reichswirtschaftsminister auf Grund der Verordnung über den Kapitalverkehr und ihrer Durchführungsverordnungen erläßt, ergehen nach Maßgabe einer getroffenen Vereinbarung im Einvernehmen mit dem Reichsminister der Finanzen.

5. Verordnung über Maßnahmen auf dem Gebiet des Genossenschaftsrechts.

Vom 7. August 1941 (RGBl. I S. 481).

Auf Grund des § 4 Abs. 2 der Verordnung über weitere Maßnahmen auf dem Gebiet des Handelsrechts während des Krieges vom 4. Oktober 1940 (Reichsgesetzbl. I S. 1337) wird verordnet:

Art. 1. Die §§ 114, 115, 115b des Genossenschaftsgesetzes werden wie folgt geändert:

1. § 114 erhält folgende Fassung:

„§ 114.

(1) Sobald mit dem Vollzuge der Schlußverteilung (§ 161 der Konkursordnung) begonnen wird, hat der Konkursverwalter schriftlich festzustellen, ob und in welcher Höhe nach der Verteilung des Erlöses ein Fehlbetrag verbleibt und inwieweit er durch die bereits geleisteten Nachschüsse gedeckt ist. Die Feststellung ist auf der Geschäftsstelle des Gerichts niederzulegen.

(2) Verbleibt ein ungedeckter Fehlbetrag und können die Genossen zu weiteren Nachschüssen herangezogen werden, so hat

der Konkursverwalter in Ergänzung oder Berichtigung der Vorschußberechnung und der zu ihr etwa ergangenen Zusätze zu berechnen, wieviel die Genossen nach § 105 an Nachschüssen zu leisten haben (Nachschußberechnung).

(3) Die Nachschußberechnung unterliegt den Vorschriften der §§ 106 bis 109, 111 bis 113, der Vorschrift des § 106 Abs. 2 mit der Maßgabe, daß auf Genossen, deren Unvermögen zur Leistung von Beiträgen sich herausgestellt hat, Beiträge nicht verteilt werden."

2. Im § 115 wird dem Abs. 1 folgender Satz 2 angefügt:

„Soweit es keiner Nachschußberechnung bedarf, hat der Verwalter die Verteilung unverzüglich vorzunehmen, nachdem die Feststellung nach § 114 Abs. 1 auf der Geschäftsstelle des Gerichts niedergelegt ist."

3. § 115b erhält folgende Fassung:

„§ 115b.

Sobald mit Sicherheit anzunehmen ist, daß die im § 105 Abs. 1 bezeichneten Konkursgläubiger auch nicht durch Einziehung der Nachschüsse von den Genossen Befriedigung oder Sicherstellung erlangen, sind die hierzu erforderlichen Beiträge von den innerhalb der letzten achtzehn Monate vor der Eröffnung des Konkursverfahrens ausgeschiedenen Genossen, welche nicht schon nach § 75 oder § 76 Abs. 4 der Nachschußpflicht unterliegen, nach Maßgabe des § 105 zur Konkursmasse zu leisten."

Art. 2. Diese Verordnung tritt am Tage ihrer Verkündung[1]) in Kraft.

6. Zweite Anordnung zur Durchführung der Verordnung zur Anpassung der verbrauchergenossenschaftlichen Einrichtungen an die kriegswirtschaftlichen Verhältnisse.

Vom 24. Juli 1941 (RGBl. I S. 452).

Auf Grund des § 3 der Verordnung zur Anpassung der verbrauchergenossenschaftlichen Einrichtungen an die kriegswirtschaftlichen Verhältnisse vom 18. Februar 1941 (Reichsgesetzbl. I S. 106) wird angeordnet:

§ 1. Das Vermögen (einschließlich der Verbindlichkeiten) der Verbrauchergenossenschaften und der verbrauchergenossenschaftlichen Einrichtungen wird auf die Deutsche Arbeitsfront im Wege der Einweisung übertragen.

---

[1]) Verkündet am 12. August 1941.

§ 2. (1) Als Vermögensträger wird das von der Deutschen Arbeitsfront zur Verwaltung des Vermögens der Verbrauchergenossenschaften und der verbrauchergenossenschaftlichen Einrichtungen gegründete Gemeinschaftswerk der Deutschen Arbeitsfront, Gesellschaft mit beschränkter Haftung, Hamburg (im folgenden „Gemeinschaftswerk" genannt), eingewiesen werden.

(2) Die Einweisung verfügt der Reichswirtschaftsminister auf jeweiligen Antrag des Bevollmächtigten der Deutschen Arbeitsfront oder seines Stellvertreters.

§ 3. Wird eine verbrauchergenossenschaftliche Einrichtung in der Form einer Aktiengesellschaft oder einer Gesellschaft mit beschränkter Haftung betrieben und sind an ihr im wesentlichen Verbrauchergenossenschaften oder andere verbrauchergenossenschaftliche Einrichtungen beteiligt, so kann das „Gemeinschaftswerk" auf Antrag des Bevollmächtigten der Deutschen Arbeitsfront oder seines Stellvertreters entweder in das Vermögen oder Vermögensteile dieser verbrauchergenossenschaftlichen Einrichtung oder nur in die Aktien oder Geschäftsanteile eingewiesen werden, soweit sie Verbrauchergenossenschaften oder anderen verbrauchergenossenschaftlichen Einrichtungen gehören.

§ 4. (1) Der Reichswirtschaftsminister gibt die Verbrauchergenossenschaften und die verbrauchergenossenschaftlichen Einrichtungen bekannt, in deren Vermögen das „Gemeinschaftswerk" eingewiesen worden ist. Er bestimmt den Stichtag, mit dem die Verbrauchergenossenschaften oder die verbrauchergenossenschaftlichen Einrichtungen unter Ausschluß der Liquidation als aufgelöst zu gelten haben.

(2) Die Einweisungsverfügungen werden im „Deutschen Reichsanzeiger und Preußischen Staatsanzeiger" sowie im „Ministerialblatt des Reichswirtschaftsministeriums" bekanntgemacht; sie sind für Gerichte und Verwaltungsbehörden bindend.

§ 5. Der Reichswirtschaftsminister kann auf Antrag des Bevollmächtigten der Deutschen Arbeitsfront oder seines Stellvertreters die Pensionskasse der deutschen Verbrauchergenossenschaften V. a. G., Hamburg, deren Rechtsnachfolgerin oder ein anderes Versicherungsunternehmen als besonderen Vermögensträger in das Vermögen von gemeinnützigen Stiftungen, Rentenvermögensstellen e. V., Versorgungskassen, Alters- und Sterbekassen und ähnlichen Einrichtungen der Verbrauchergenossenschaften oder verbrauchergenossenschaftlichen Einrichtungen einweisen. Die §§ 3 und 4 finden entsprechende Anwendung.

§ 6. (1) Soweit die Grundbücher oder andere öffentliche Register durch die vom Reichswirtschaftsminister verfügten Einweisungen in das Vermögen der Verbrauchergenossenschaften und der verbrauchergenossenschaftlichen Einrichtungen unrichtig geworden sind, sind sie auf Antrag zu berichtigen. Die Berichtigung ist gebührenfrei.

(2) Der Antrag ist von dem Bevollmächtigten der Deutschen Arbeitsfront oder seinem Stellvertreter zu stellen; er bedarf nicht der Form des § 29 der Grundbuchordnung.

(3) § 22 Abs. 2 und § 27 der Grundbuchordnung in der Fassung der Bekanntmachung vom 5. August 1935 (Reichsgesetzbl. I S. 1073) finden für die gemäß Abs. 1 erfolgenden Berichtigungen keine Anwendung.

§ 7. Der Bevollmächtigte der Deutschen Arbeitsfront und sein Stellvertreter werden ermächtigt, die Verbrauchergenossenschaften in

Abweichung von § 6 des Rabattgesetzes vom 25. November 1933 (Reichsgesetzbl. I S. 1011) anzuweisen, an Stelle der Rückvergütung einen Barzahlungsnachlaß (Rabatt), der 3 vom Hundert des Preises der Ware nicht überschreiten darf, nach den Vorschriften des Rabattgesetzes zu gewähren.

§ 8. (1) Die Auskehrung der Geschäftsguthaben der Mitglieder der Verbrauchergenossenschaften erfolgt zum Buchwert am Stichtage der Einweisung.

(2) Spar- und Geschäftsguthaben solcher Gläubiger, deren Wohnsitz oder Aufenthalt unbekannt ist, sind bis zur Höhe von 5 Reichsmark als Verwaltungskostenbeitrag auszubuchen. Für den Betrag von 5 Reichsmark übersteigende Spar- und Geschäftsguthaben der Gläubiger, deren Wohnsitz oder Aufenthalt unbekannt ist, finden die Bestimmungen der Sechsten Durchführungsverordnung zum Gesetz über Verbrauchergenossenschaften vom 10. Juli 1937 (Reichsgesetzbl. I S. 768) ohne Beschränkung auf den Betrag von 500 Reichsmark sinngemäß Anwendung. Die nach Durchführung des Aufrufverfahrens erloschenen Ansprüche verfallen zugunsten der Pensionskasse der deutschen Verbrauchergenossenschaften V. a. G. oder deren Rechtsnachfolgerin.

§ 9. (1) Ansprüche aus Dienstverträgen, die zwischen einer Verbrauchergenossenschaft, einem verbrauchergenossenschaftlichen Verbande oder einer sonstigen verbrauchergenossenschaftlichen Einrichtung einerseits und deren gesetzlichen Vertretern oder leitenden Angestellten andererseits abgeschlossen sind, sind von der Verbrauchergenossenschaft, dem verbrauchergenossenschaftlichen Verbande, der verbrauchergenossenschaftlichen Einrichtung oder ihren Rechtsnachfolgern nur insoweit zu erfüllen, als die Aufrechterhaltung des Vertrags und die Höhe der Vergütung nach Treu und Glauben unter Berücksichtigung der tatsächlich geleisteten Arbeit und Dienstzeit angemessen erscheint. Das gleiche gilt für die Erfüllung von Ruhegehaltsvereinbarungen in Dienstverträgen der im Satz 1 genannten Art, und zwar auch dann, wenn die Ruhegehaltsvereinbarung vor dem Inkrafttreten der Verordnung zur Anpassung der verbrauchergenossenschaftlichen Einrichtungen an die kriegswirtschaftlichen Verhältnisse vom 18. Februar 1941 zur Ruhegehaltsgewährung geführt hat.

(2) Im Rahmen des Abs. 1 kann der Bevollmächtigte der Deutschen Arbeitsfront oder sein Stellvertreter insbesondere den Dienstvertrag mit angemessener, mindestens aber der gesetzlichen Frist kündigen, übermäßig hohe Gehalts- oder Ruhegehaltsbezüge auf einen angemessenen Betrag herabsetzen oder Ruhegehaltsbezüge durch Gewährung eines angemessenen einmaligen Geldbetrags abfinden. Setzt demgemäß der Bevollmächtigte der Deutschen Arbeitsfront das Gehalt herab, so kann auch der andere Teil vorzeitig kündigen, und zwar für den Schluß des nächsten Kalendervierteljahrs unter Einhaltung einer Kündigungsfrist von sechs Wochen.

(3) Die Vorschriften über die Beschränkung der Kündigung eines Arbeitsverhältnisses im Falle der Einberufung zum Wehrdienst (§ 2 der Verordnung zur Abänderung und Ergänzung von Vorschriften auf dem Gebiet des Arbeitsrechts vom 1. September 1939, Reichsgesetzbl. I S. 1683) sowie die Vorschriften der Verordnung über die Beschränkung des Arbeitsplatzwechsels vom 1. September 1939 (Reichsgesetzbl. I

S. 1685) gelten auch für eine Kündigung auf Grund der Vorschriften in den Abs. 1 und 2.

(4) Die Vorschriften über die Kriegslöhne im Abschnitt III der Kriegswirtschaftsverordnung vom 4. September 1939 (Reichsgesetzbl. I S. 1609) und die zu ihrer Durchführung ergangenen Vorschriften sowie die Vorschriften über den Kündigungsschutz nach §§ 56 bis 62 des Gesetzes zur Ordnung der nationalen Arbeit vom 20. Januar 1934 (Reichsgesetzbl. I S. 45) sind auf die in den Abs. 1 und 2 vorgesehenen Maßnahmen nicht anzuwenden.

(5) Für die Entscheidung von Streitigkeiten über die in den Abs. 1 und 2 vorgesehenen Maßnahmen und Ansprüche ist sachlich und örtlich im ersten Rechtszug ausschließlich das Landesarbeitsgericht Berlin zuständig.

§ 10. Diese Anordnung tritt mit Ausnahme des § 7, der bereits am 1. Juli 1941 in Kraft tritt, eine Woche nach Verkündung*) in Kraft.

---

*) Verkündet am 30. Juli 1941.

D. Binnenschiffahrtsrecht.

Vierte Verordnung zur Durchführung des Gesetzes über das Verfahren in Binnenschiffahrtssachen.

Vom 26. Juni 1941 (RGBl. I S. 351).

Auf Grund des § 4 des Gesetzes über das Verfahren in Binnenschiffahrtssachen vom 30. Januar 1937 (Reichsgesetzbl. I S. 97) wird verordnet:

Art. 1. Die Amtsgerichte, denen auf Grund des § 4 Satz 2 Halbsatz 1 des Gesetzes über das Verfahren in Binnenschiffahrtssachen die Verhandlung und Entscheidung von Binnenschiffahrtssachen zugewiesen wird, führen bei der Verhandlung und Entscheidung der Binnenschiffahrtssachen die Bezeichnung „Schiffahrtsgerichte".

Art. 2. Die Verhandlung und Entscheidung über Berufungen und Beschwerden (Rekurse) gegen die Entscheidungen der Schiffahrtsgerichte wird den Oberlandesgerichten übertragen, die hierbei die Bezeichnung „Schiffahrtsobergerichte" führen.

Art. 3. (1) Es werden bestellt:

1. das Amtsgericht Konstanz
   zum Schiffahrtsgericht für den Bodensee und für den Rhein vom Bodensee bis Basel;
   — Schiffahrtsobergericht Oberlandesgericht Karlsruhe —
2. das Amtsgericht Kehl
   zum Schiffahrtsgericht für den Rhein von Basel bis zur Rheinbrücke der Eisenbahnlinie Karlsruhe—Wörth;
   — Schiffahrtsobergericht Oberlandesgericht Karlsruhe —
3. das Amtsgericht Mannheim
   zum Schiffahrtsgericht für den Rhein von der Rheinbrücke der Eisenbahnlinie Karlsruhe—Wörth auf der rechten Seite bis zur badisch-hessischen Grenze und auf der linken Seite bis zur bayerisch-hessischen Grenze sowie für den Neckar;
   — Schiffahrtsobergericht Oberlandesgericht Karlsruhe —
4. das Amtsgericht Mainz
   zum Schiffahrtsgericht für den Rhein, auf der rechten Seite von der badisch-hessischen Grenze bis Rüdesheim einschließ-

lich, auf der linken Seite von der bayerisch-hessischen Grenze bis Bingen einschließlich sowie für den Main von der Mündung bis Aschaffenburg einschließlich;
— Schiffahrtsobergericht Oberlandesgericht Karlsruhe —

5. das Amtsgericht Würzburg
zum Schiffahrtsgericht für den Main oberhalb Aschaffenburg ausschließlich;
— Schiffahrtsobergericht Oberlandesgericht Karlsruhe —

6. das Amtsgericht St. Goar
zum Schiffahrtsgericht für den Rhein, auf der rechten Seite von Rüdesheim ausschließlich bis Beuel ausschließlich, auf der linken Seite von Bingen ausschließlich bis Bonn ausschließlich, sowie für die Lahn;
— Schiffahrtsobergericht Oberlandesgericht Köln —

7. das Amtsgericht Duisburg-Ruhrort
zum Schiffahrtsgericht für den Rhein, auf der rechten Seite von Beuel einschließlich, auf der linken Seite von Bonn einschließlich bis zur deutsch-holländischen Grenze, für den Spoykanal, den Rhein-Herne-Kanal vom Rhein bis Wanne-Eickel einschließlich und für den Lippe-Seitenkanal Wesel—Datteln vom Rhein bis zur Zeche Auguste Viktoria (Hafen) einschließlich, sowie für die Ruhr;
— Schiffahrtsobergericht Oberlandesgericht Köln —

8. das Amtsgericht Dortmund
zum Schiffahrtsgericht für den Dortmund-Ems-Kanal südlich von Bergeshövede ausschließlich, den Rhein-Herne-Kanal östlich von Wanne-Eickel ausschließlich, den Lippe-Seitenkanal Wesel—Datteln östlich von Zeche Auguste Viktoria (Hafen) ausschließlich und für den Lippe-Seitenkanal Datteln—Hamm;
— Schiffahrtsobergericht Oberlandesgericht Hamm —

9. das Amtsgericht Emden
zum Schiffahrtsgericht für den Dortmund-Ems-Kanal nördlich von Bergeshövede einschließlich und für die Ems, für die linksemsischen Kanäle und die Hase, für den Küstenkanal von der Ems bis Schleuse Oldenburg einschließlich, für die Papenburger Kanäle, die Leda und Jümme, den Ems-Jade-Kanal, den Elisabethfehn-Kanal, die Fehnkanäle und andere Binnengewässer des Regierungsbezirks Aurich sowie für die zwischen

dem Küstenkanal und der Nordseeküste liegenden Sieltiefe und Moorkanäle;

— Schiffahrtsobergericht Oberlandesgericht Hamburg —

10. das Amtsgericht Minden

zum Schiffahrtsgericht für die Weser abwärts bis Nienburg einschließlich, die Werra und Fulda sowie für den Ems-Weser-Elbe-Kanal (Mittellandkanal) von Dortmund-Ems-Kanal bis zur Kreuzung mit der Oker nebst den Zweigkanälen nach Osnabrück, Linden, Hildesheim und Bleckenstedt-Hallendorf;

— Schiffahrtsobergericht Oberlandesgericht Hamm —

11. das Amtsgericht Bremen

zum Schiffahrtsgericht für die Weser abwärts von Nienburg ausschließlich, die Aller und die Leine, für die bremischen Häfen nördlich der Geeste, die Lesum, Wümme, Hamme, Hunte mit Küstenkanal unterhalb der Schleuse Oldenburg, die Lune, Geeste und Ochtum sowie für den Bederkesa-Geeste-Kanal und den Hadelner Kanal bis zur Grenze des Landgerichtsbezirks Stade;

— Schiffahrtsobergericht Oberlandesgericht Hamburg —

12. das Amtsgericht Dresden

zum Schiffahrtsgericht für die Elbe von der Grenze zwischen dem Protektorat Böhmen und Mähren und dem übrigen Reichsgebiet bis zur sächsisch-preußischen Landesgrenze;

— Schiffahrtsobergericht Oberlandesgericht Dresden —

13. das Amtsgericht Magdeburg

zum Schiffahrtsgericht für die Elbe von der sächsisch-preußischen Landesgrenze bis zur Grenze der preußischen Provinzen Sachsen und Hannover, für die Saale abwärts von Merseburg einschließlich, den Ems-Weser-Elbe-Kanal (Mittellandkanal) von Magdeburg bis zur Kreuzung mit der Oker, für den Elbe-Havel-Kanal von der Elbe bis zur Groß-Wusterwitzer Schleuse mit Pareyer Verbindungskanal und Altkanälen;

— Schiffahrtsobergericht Oberlandesgericht Hamburg —

14. das Amtsgericht Hamburg

zum Schiffahrtsgericht für die Elbe abwärts von der Grenze der preußischen Provinzen Sachsen und Hannover mit Ilmenau, Jeetzel und Aland, für die auf der Westseite der Unterelbe einmündenden Wasserstraßen, soweit nicht das Amtsgericht Bremen zuständig ist, für den Hamme-Oste-

Kanal, den Elbe-Lübeck-Kanal mit den Häfen in Lauenburg, die Müritz-Elde-Wasserstraße bis Parchim einschließlich, für die Stör-Wasserstraße und den Schweriner See, für die auf dem Ostufer der Unterelbe einmündenden Wasserstraßen, die Trave und Stepenitz;

— Schiffahrtsobergericht Oberlandesgericht Hamburg —

15. das Amtsgericht Zehdenick

zum Schiffahrtsgericht für die Müritz-Elde-Wasserstraße östlich von Parchim, die Müritz-Havel-Wasserstraße und die Obere Havel-Wasserstraße einschließlich Kammerkanal bis zur Grenze des Kreises Niederbarnim, für die Rheinsberger, Templiner, Lychener und Wentow-Gewässer, die Ruppiner Gewässer mit Kremmener See und Ruppiner Kanal sowie für den Voßkanal nördlich der Grenze des Kreises Niederbarnim;

— Schiffahrtsobergericht das Kammergericht —

16. das Amtsgericht Berlin

zum Schiffahrtsgericht für die Havel von der Grenze des Kreises Niederbarnim bis Ketzin einschließlich mit dem Havelländischen Hauptkanal, für den Hohenzollernkanal mit Berlin-Spandauer Schiffahrtskanal und Finow-Kanal bis zur Grenze des Kreises Niederbarnim, für den Voßkanal südlich der Grenze des Kreises Niederbarnim, den Oranienburger Kanal, Malzer Kanal und den Paretz-Nauener Kanal, den Teltowkanal mit Britzer Zweigkanal und Prinz-Friedrich-Leopold-Kanal, für die Spree und den Oder-Spree-Kanal bis zur Mündung in die Oder — ausschließlich Fürstenberg (Oder) — mit allen Nebenwasserstraßen, den Friedrich-Wilhelm-Kanal, die Rüdersdorfer Gewässer (Flakensee, Kalksee, Stienitzsee, Straussee, Löcknitzgebiet), für die Dahme mit dem Storkow-Kanal, für den Schwielochsee, Scharmützelsee, den Großen Storkower See, den Großen Selchower See, den Wolziger See, den Motzener See, Teupitzer See, Mellensee, Rangsdorfer See, für den Galluner Kanal, den Zülow- und Notte-Kanal;

— Schiffahrtsobergericht das Kammergericht —

17. das Amtsgericht Brandenburg

zum Schiffahrtsgericht für die Untere Havelwasserstraße von Ketzin ausschließlich bis zur Mündung mit Dosse, Hohennauer Wasserstraße, Emster Gewässern, Beetz-See und Riewendt-

See sowie für den Elbe-Havel-Kanal östlich von der Groß-Wusterwitzer Schleuse;

— Schiffahrtsobergericht das Kammergericht —

18. das Amtsgericht Breslau

zum Schiffahrtsgericht für die Oder abwärts bis Straßburg (Oder) einschließlich, die Glatzer Neiße sowie für den Adolf-Hitler-Kanal mit Klodnitz-Altkanal;

— Schiffahrtsobergericht Oberlandesgericht Breslau —

19. das Amtsgericht Fürstenberg (Oder)

zum Schiffahrtsgericht für die Oder von Straßburg (Oder) ausschließlich bis Lebus einschließlich mit Bober und Lausitzer Neiße;

— Schiffahrtsobergericht Oberlandesgericht Breslau —

20. das Amtsgericht Landsberg (Warthe)

zum Schiffahrtsgericht für die Oder von Lebus ausschließlich bis Güstebiese einschließlich, für die Warthe mit Nebenwasserstraßen von der Grenze zwischen dem Reichsgau Wartheland und der preußischen Provinz Mark Brandenburg sowie für die Netze mit Nebenwasserstraßen von der Küddoweinmündung an;

— Schiffahrtsobergericht Oberlandesgericht Stettin —

21. das Amtsgericht Stettin

zum Schiffahrtsgericht für die Oder abwärts von Güstebiese ausschließlich, für den Hohenzollernkanal mit Finow-Kanal von der Oder bis zur Grenze des Kreises Niederbarnim, für die Wriezener Alte Oder, den Freienwalder Landgraben und die Hohensaater-Friedrichsthaler Wasserstraße;

— Schiffahrtsobergericht Oberlandesgericht Stettin —

22. das Amtsgericht Elbing

zum Schiffahrtsgericht für die Passarge und alle zwischen ihr und der Weichsel gelegenen Wasserstraßen und Binnengewässer einschließlich der Nogat;

— Schiffahrtsobergericht Oberlandesgericht Königsberg —

23. das Amtsgericht Königsberg

zum Schiffahrtsgericht für den Pregel mit Insterburger Kanal, die Alle und den Königsberger Seekanal;

— Schiffahrtsobergericht Oberlandesgericht Königsberg —

24. das Amtsgericht Tilsit

zum Schiffahrtsgericht für die Memel mit Nebenwasserstraßen und den Rußstrom bis Ruß ausschließlich, für die Deime von

Tapiau ausschließlich, die Gilge und die zwischen Deime und Gilge liegenden Wasserstraßen sowie für den südlichen Teil des Kurischen Haffs bis zur Einmündung der Skirwieth ausschließlich und bis Pillkoppen (Kurische Nehrung) einschließlich und für alle in diesen Teil des Kurischen Haffs einmündenden Wasserstraßen;
— Schiffahrtsobergericht Oberlandesgericht Königsberg —

25. das Amtsgericht Memel
zum Schiffahrtsgericht für die Skirwieth und Atmath, für den Rußstrom, soweit nicht das Amtsgericht Tilsit zuständig ist, für die Minge, den König-Wilhelm-Kanal, die Dange, das Kurische Haff, soweit nicht das Amtsgericht Tilsit zuständig ist, und für alle in diesen Teil des Kurischen Haffs einmündenden Wasserstraßen;
— Schiffahrtsobergericht Oberlandesgericht Königsberg —

26. das Amtsgericht Regensburg
zum Schiffahrtsgericht für die Donau abwärts bis Passau einschließlich mit Lech, Isar, Naab und Regen sowie für den Ludwigs-Donau-Main-Kanal, die Altmühl und Regnitz;
— Schiffahrtsobergericht Oberlandesgericht Nürnberg —

27. das Amtsgericht Wien
zum Schiffahrtsgericht für die Donau von Passau ausschließlich bis zur Reichsgrenze;
— Schiffahrtsobergericht Oberlandesgericht Wien —

(2) Die Gerichtsbarkeit der Schiffahrtsgerichte erstreckt sich auf die im Abs. 1 genannten Gewässer nicht, soweit sie zum Geltungsbereich der Seewasserstraßenordnung vom 31. Oktober 1933 (Reichsgesetzbl. II S. 833) nebst Ergänzungen gehören.

Art. 4. Soweit im Artikel 3 die Grenzen für die Bezirke der Schiffahrtsgerichte durch Ortsnamen bezeichnet sind, sind die Gemeindegrenzen dieser Orte maßgebend.

Art. 5. Ist ein zum Schiffahrtsgericht bestelltes Amtsgericht mit mehreren Richtern besetzt, so sind bei der Geschäftsverteilung die Geschäfte des Schiffahrtsgerichts einem von ihnen zu übertragen.

Art. 6. (1) Im Geltungsbereich der Reichszivilprozeßordnung ist gegen die Urteile der Schiffahrtsgerichte die Berufung ohne Rücksicht auf den Wert des Streitgegenstandes zulässig. § 20 der Bekanntmachung zur Entlastung der Gerichte vom 13. Mai 1924 (Reichsgesetzbl. I S. 552) findet keine Anwendung.

(2) Im Geltungsbereich der Zivilprozeßordnung vom 1. August 1895 sind im Verfahren vor den Schiffahrtsgerichten die Vorschriften über das Verfahren in Bagatellsachen nicht anzuwenden.

Art. 7. Im Geltungsbereich der Reichszivilprozeßordnung wird die Zulässigkeit des Rechtsmittels nicht dadurch berührt, daß es statt bei dem Oberlandesgericht bei dem dem Amtsgericht übergeordneten Landgericht eingelegt ist; die Sache wird von Amts wegen an das Oberlandesgericht abgegeben.

Art. 8. (1) Das Oberlandesgericht Karlsruhe hält seine mündlichen Verhandlungen in Binnenschiffahrtssachen in Mannheim ab.

(2) Die bei dem Amtsgericht oder dem Landgericht Mannheim zugelassenen Rechtsanwälte sind zugleich bei dem Oberlandesgericht Karlsruhe, soweit es in Binnenschiffahrtssachen befindet, zugelassen.

Art. 9. Aufgehoben werden:

1. die Verordnung zur Durchführung des Gesetzes über das Verfahren in Binnenschiffahrtssachen vom 30. Januar 1937 (Reichsgesetzbl. I S. 101);
2. die Zweite Verordnung zur Durchführung des Gesetzes über das Verfahren in Binnenschiffahrtssachen vom 5. April 1938 (Reichsgesetzbl. I S. 374);
3. die Dritte Verordnung zur Durchführung des Gesetzes über das Verfahren in Binnenschiffahrtssachen vom 30. März 1939 (Reichsgesetzbl. I S. 700).

Art. 10. Für die beim Inkrafttreten dieser Verordnung anhängigen Sachen bewendet es bei den bisherigen Vorschriften.

Art. 11. Diese Verordnung tritt am 1. August 1941 in Kraft.

J. Übergangsrecht der neuen Gebietsteile.

II. Reichsgau Sudetenland.

Verordnung über das Patent- und Gebrauchsmusterrecht im Reichsgau Sudetenland.

Vom 17. März 1941 (RGBl. I S. 144).

Abgedruckt auf S. 1543.

III. Die in die Länder Preußen und Bayern und in die Reichsgaue Niederdonau und Oberdonau eingegliederten Teile der sudetendeutschen Gebiete.

Verordnung über das Patentrecht in den in die Länder Preußen und Bayern und in die Reichsgaue Niederdonau und Oberdonau eingegliederten sudetendeutschen Gebietsteilen.

Vom 20. August 1941 (RGBl. I S. 513).

Auf Grund des Gesetzes über die Gliederung der sudetendeutschen Gebiete vom 25. März 1939 (Reichsgesetzbl. I S. 745) wird verordnet:

§ 1. Die vom Patentamt in Prag erteilten Patente, deren Schutz durch § 1 der Verordnung über den gewerblichen Rechtsschutz in den in die Länder Preußen und Bayern und in die Reichsgaue Niederdonau und Oberdonau eingegliederten Teilen der ehemals sudetendeutschen Gebiete vom 4. August 1939 (Reichsgesetzbl. I S. 1348) bis auf weiteres aufrechterhalten worden ist, verlieren den Schutz in den genannten Gebietsteilen, wenn er im Reichsgau Sudetenland nach § 11 Nr. 3 der Verordnung über das Patent und Gebrauchsmusterrecht im Reichsgau Sudetenland vom 17. März 1941 (Reichsgesetzbl. I S. 144) durch Verzicht oder Nichtzahlung einer Jahresgebühr endet.

§ 2. Wird ein vom Patentamt in Prag erteiltes Patent nach § 11 Nr. 1 der Verordnung über das Patent- und Gebrauchsmusterrecht im Reichsgau Sudetenland vom 17. März 1941 mit Wirkung für den Reichsgau Sudetenland übertragen oder im Erbgang erworben, so erstreckt sich diese Wirkung auch auf die eingegliederten sudetendeutschen Gebietsteile.

§ 3. Wird an einem vom Patentamt in Prag erteilten Patent nach § 11 Nr. 5 der im § 2 genannten Verordnung eine Zwangslizenz mit Wirkung für den Reichsgau Sudetenland erteilt, so erstreckt sich ihre Wirkung auch auf die eingegliederten sudetendeutschen Gebietsteile.

§ 4. (1) Auf Einrichtungen an Fahrzeugen und Luftfahrzeugen, die nur vorübergehend aus den eingegliederten sudetendeutschen Gebietsteilen in das übrige Reichsgebiet oder aus diesem in die eingegliederten sudetendeutschen Gebietsteile gelangen, erstreckt sich die Wirkung der in dem vorübergehend befahrenen Gebiet geltenden Patente und Gebrauchsmuster nicht.

(2) Fahrzeuge, Luftfahrzeuge und andere nicht zu ortsfester Verwendung bestimmte Gegenstände des Reichs oder der selbständigen Reichsverkehrsanstalten, die in den eingegliederten sudetendeutschen Gebietsteilen oder im übrigen Reichsgebiet ohne Verletzung von Patenten und Gebrauchsmustern hergestellt oder in Benutzung genommen worden sind, dürfen in dem anderen Gebiet auch dann verwendet werden, wenn der Gebrauch dort in einen Patent- oder Gebrauchsmusterschutz eingreift.

§ 5. Diese Verordnung tritt am siebenten Tage nach ihrer Verkündung*) in Kraft.

VI. Ostgebiete.

1. Verordnung zur Einführung handelsrechtlicher Vorschriften in den eingegliederten Ostgebieten.

Vom 14. Juni 1941 (RGBl. I S. 319).

Auf Grund des § 8 des Erlasses des Führers und Reichskanzlers über Gliederung und Verwaltung der Ostgebiete vom 8. Oktober 1939 (Reichsgesetzbl. I S. 2042) wird verordnet:

§ 1. In den eingegliederten Ostgebieten werden eingeführt:

1. die §§ 416 bis 424 des Handelsgesetzbuchs vom 10. Mai 1897 (Reichsgesetzbl. S. 219) und die § 363 Abs. 2, §§ 364, 365 des Handelsgesetzbuchs, soweit sie sich auf den Lagerschein beziehen;
2. die Verordnung über Orderlagerscheine vom 16. Dezember 1931 (Reichsgesetzbl. I S. 763);
3. die Verordnung des Reichspräsidenten zur Erleichterung der Erntebewegung vom 6. August 1931 (Reichsgesetzbl. I S. 433);

*) Verkündet am 22. August 1941.

4. die Verordnung über Einlagerung von Getreide durch die Deutsche Getreide-Handels-Gesellschaft vom 28. August 1931 (Reichsgesetzbl. I S. 477);
5. die Verordnung über Einlagerung von Malz durch die Deutsche Getreide-Handels-Gesellschaft vom 16. Juli 1932 (Reichsgesetzbl. I S. 381);
6. die Verordnung über Einlagerung von Kartoffelflocken und Kartoffelstärkemehl durch die Deutsche Getreide-Handels-Gesellschaft vom 22. August 1932 (Reichsgesetzbl. I S. 413).

§ 2. An die Stelle der Deutschen Getreide-Handels-Gesellschaft tritt in allen Fällen (§ 1 Nrn. 3 bis 6) die Geschäftsabteilung der Reichsstelle für Getreide, Futtermittel und sonstige landwirtschaftliche Erzeugnisse.

§ 3. Auf das gesetzliche Pfandrecht des Lagerhalters finden die §§ 366, 368 des Handelsgesetzbuchs und die Bestimmungen des Bürgerlichen Gesetzbuchs über das gesetzliche Pfandrecht Anwendung.

§ 4. Diese Verordnung tritt am 1. Juli 1941 in Kraft.

2. Verordnung über die bürgerliche Rechtspflege in den eingegliederten Ostgebieten (Ost-Rechtspflege-Verordnung — ORpflVO. —).

Vom 25. September 1941 (RGBl. I S. 597).

Auszug.

Auf Grund des Erlasses des Führers und Reichskanzlers über Gliederung und Verwaltung der Ostgebiete vom 8. Oktober 1939 (Reichsgesetzbl. I S. 2042) wird verordnet:

In den eingegliederten Ostgebieten geltendes Recht.

§ 1. (1) Die zum Geschäftsbereich des Reichsministers der Justiz gehörenden, im übrigen Reichsgebiet geltenden Gesetze und sonstigen Rechtsvorschriften gelten in den eingegliederten Ostgebieten auch insoweit, als sie dort noch nicht ausdrücklich in Kraft gesetzt sind, sofern sie die nachstehenden Rechtsgebiete betreffen:

1. das bürgerliche Recht;
2. das Handelsrecht einschließlich des Rechts der Handelsgesellschaften, des Genossenschaftsrechts, des Rechts der Verwahrung und Anschaffung von Wertpapieren und Reichsschuldbuchforderungen sowie des Hypothekenbank- und Pfandbriefrechts einschließlich des Schiffspfandbriefrechts;
3. das Schiffahrts- und Flößereirecht;

4. das Urheber- und Verlagsrecht, das Patent-, Gebrauchsmuster-, Warenzeichen- und Geschmacksmusterrecht, das Wettbewerbs- und Zugaberecht;

. . . .

7. das Verfahrensrecht in Angelegenheiten der bürgerlichen streitigen und der freiwilligen Gerichtsbarkeit;

. . . .

(6) Strafvorschriften, die sich auf das nach den vorstehenden Vorschriften in den eingegliederten Ostgebieten geltende Recht beziehen, sind dort ebenfalls anzuwenden.

Örtlich beschränktes Recht.

§ 2. Ist das in den eingegliederten Ostgebieten gemäß § 1 geltende Recht nicht in allen Teilen des Reichs gleichlautend, so ist, soweit nicht etwas anderes bestimmt wird, maßgebend:

1. für den Reichsgau Danzig-Westpreußen das im Landgerichtsbezirk Elbing,
2. für den Reichsgau Wartheland das im Landgerichtsbezirk Meseritz,
3. für den Regierungsbezirk Kattowitz und die dem Regierungsbezirk Oppeln neu zugeteilten Gebiete das im Landgerichtsbezirk Beuthen,
4. für den Regierungsbezirk Zichenau und die dem Regierungsbezirk Allenstein neu zugeteilten Gebiete das im Landgerichtsbezirk Allenstein,
5. für die dem Regierungsbezirk Gumbinnen neu zugeteilten Gebiete das im Landgerichtsbezirk Lyck

geltende Recht.

Unanwendbarkeit des früheren Rechts.

§ 3. Das in den eingegliederten Ostgebieten früher geltende Recht ist nicht mehr anzuwenden, soweit es dem nach § 1 geltenden Recht entgegensteht oder ihm inhaltlich entspricht.

Auslegung und Anwendung des in den eingegliederten Ostgebieten geltenden Rechts.

§ 4. (1) Bei der Auslegung und Anwendung des in den eingegliederten Ostgebieten geltenden Rechts ist von den besonderen Erfordernissen auszugehen, die sich aus der Eingliederung der Ostgebiete in das Deutsche Reich ergeben.

(2) Würde die Anwendung einer Vorschrift im Einzelfall zu einem Ergebnis führen, das mit dem Sinne der Eingliederung unvereinbar ist, so ist die Vorschrift nicht anzuwenden und so zu entscheiden, wie es dem Sinne der Eingliederung entspricht.

Beschränkung der gerichtlichen Geltendmachung.

§ 5. (1) Wird in einem Verfahren von einem Schutzangehörigen polnischen Volkstums oder einem staatenlosen Polen ein Anspruch gegen einen deutschen Staatsangehörigen oder deutschen Volkszugehörigen geltend gemacht oder ein sonstiger Antrag gestellt, der sich gegen die Rechtsstellung eines deutschen Staatsangehörigen oder deutschen Volkszugehörigen richtet, und hat das Gericht Bedenken, ob die Durchführung des Verfahrens staatlichen oder völkischen Belangen widerspricht, so hat es die Entscheidung des Oberlandesgerichtspräsidenten darüber herbeizuführen. Die Entscheidung bindet das Gericht und ist nicht anfechtbar. Erklärt der Oberlandesgerichtspräsident, daß die Durchführung des Verfahrens staatlichen oder völkischen Belangen widerspricht, so wird das Verfahren, soweit es von der Erklärung betroffen wird, unterbrochen. Auf Verlangen des Oberlandesgerichtspräsidenten hat das Gericht einstweilige Anordnungen über den Vollzug einer bereits ergangenen Entscheidung zu erlassen. Bis zum Eingang der Entscheidung soll das Gericht nur solche Maßnahmen treffen, die keinen Aufschub gestatten. Es kann die Anordnungen treffen, die zur einstweiligen Regelung erforderlich sind.

(2) Der Oberlandesgerichtspräsident kann, statt selbst zu entscheiden, von dem Gauleiter und Reichsstatthalter (in Gebieten, in denen kein Reichsstatthalter eingesetzt ist, von dem Gauleiter und Oberpräsidenten) eine Erklärung darüber einholen, ob die Durchführung des Verfahrens staatlichen oder völkischen Belangen widerspricht. Abs. 1 Sätze 3 bis 6 gelten entsprechend.

Einführungs- und Übergangsvorschriften.

§ 6. (1) Einführungs- und Übergangsvorschriften des nach § 1 in den eingegliederten Ostgebieten geltenden Rechts sind dort sinngemäß anzuwenden, soweit nichts anderes bestimmt wird.

(2) Soweit nach dem nach § 1 geltenden Recht landesrechtliche Vorschriften maßgebend sind, kann der Reichsminister der Justiz neue Vorschriften erlassen.

Verweisungen.

§ 7. (1) Soweit Vorschriften des nach § 1 geltenden Rechts auf Vorschriften verweisen, die in den eingegliederten Ostgebieten noch nicht anzuwenden sind, erhält dieser Hinweis seinen Inhalt aus den entsprechenden Vorschriften des dort fortgeltenden Rechts. Die in Bezug genommene Vorschrift ist sinngemäß anzuwenden, wenn in den eingegliederten Ostgebieten kein ihr entsprechendes Recht in Geltung geblieben ist.

(2) Soweit Vorschriften des in den eingegliederten Ostgebieten fortgeltenden Rechts auf Vorschriften verweisen, die nicht mehr gelten, tritt an deren Stelle die entsprechende Vorschrift des nach § 1 geltenden Rechts.

Ausführungs- und Ergänzungsvorschriften. Lösung von Zweifelsfragen.

§ 8. Der Reichsminister der Justiz wird ermächtigt, die zur Ausführung und Ergänzung dieser Verordnung erforderlichen Vorschriften zu erlassen, insbesondere die nach § 1 geltenden Vorschriften im einzelnen zu bezeichnen oder anzuordnen, daß einzelne Vorschriften nicht anzuwenden sind, und Übergangsvorschriften zu erlassen. Er wird ferner ermächtigt, Zweifel, die sich bei der Anwendung dieser Verordnung und der zu ihrer Ausführung und Ergänzung ergehenden Vorschriften ergeben, im Verwaltungsweg zu entscheiden.

Schlußbestimmungen.

§ 9. (1) Die Verordnung tritt eine Woche nach der Verkündung*) in Kraft.

(2) § 3 Abs. 2 des Erlasses des Führers und Reichskanzlers über Gliederung und Verwaltung der Ostgebiete vom 8. Oktober 1939 (Reichsgesetzbl. I S. 2042) bleibt unberührt.

3. Erste Durchführungsverordnung zur Verordnung über die bürgerliche Rechtspflege in den eingegliederten Ostgebieten (Erste Ost-Rechtspflege-Durchführungsverordnung — 1. ORpflDVO. —).

Vom 25. September 1941 (RGBl. I S. 599).

Auszug.

Auf Grund des § 8 der Verordnung über die bürgerliche Rechtspflege in den eingegliederten Ostgebieten (Ost-Rechtspflege-Verordnung — ORpflVO. — vom 25. September 1941 (Reichsgesetzbl. I S. 597) wird verordnet:

Erster Abschnitt.

Allgemeine Vorschriften.

Gültigkeit und Folgen von Rechtshandlungen.

§ 1. (1) Rechtsgeschäfte und Rechtshandlungen, die in der Zeit nach dem 31. August 1939, aber vor dem Inkrafttreten dieser Verordnung vorgenommen worden sind, sind, soweit nicht etwas anderes bestimmt wird, auch dann gültig, wenn sie dem gemäß der Ost-Rechtspflege-Verordnung geltenden Recht wenigstens sinngemäß entsprechen.

(2) Rechtsgeschäfte und Rechtshandlungen, die nach dem Inkrafttreten dieser Verordnung, aber vor dem 1. Januar 1942 vorgenommen werden, können, wenn sie zwar nicht dem zur Zeit ihrer Vornahme, wohl aber dem früher geltenden Recht entsprechen, als gültig behandelt werden, wenn das mit Rücksicht auf die Umstände des Einzelfalls billig ist und die Interessen der Allgemeinheit nicht entgegenstehen. Dies gilt nicht für solche Rechtsgeschäfte, auf Grund deren eine Eintragung in ein öffentliches Buch oder in ein öffentliches Register vorgenommen werden soll.

---

*) Verkündet am 3. 10. 1941.

Nachholung befristeter Rechtshandlungen.

§ 2. (1) Eine Handlung, die zur Ausübung oder Erhaltung eines Rechts in den eingegliederten Ostgebieten nach dem 26. August 1939 vorzunehmen war oder vor dem 1. Januar 1942 vorzunehmen ist und deren fristgemäße Vornahme durch Umstände gehindert worden ist oder wird, die mit der Eingliederung der Ostgebiete in das Deutsche Reich und den im Vollzug der Eingliederung getroffenen Maßnahmen in Zusammenhang stehen, gilt als rechtzeitig vorgenommen, wenn sie unverzüglich nach Wegfall des Hindernisses nachgeholt ist oder nachgeholt wird.

(2) Abs. 1 gilt nicht für die Vornahme von Rechtshandlungen in gerichtlichen Verfahren oder von Rechtshandlungen, die zur Erhaltung der Rückgriffsrechte aus einem Wechsel oder Scheck erforderlich sind.

Fünfter Abschnitt.

Gewerblicher Rechtsschutz.

Aufrechterhaltung bestehender Rechte.

§ 25. (1) Die Patente, Gebrauchs- und Geschmacksmuster und Warenzeichen, die am 31. August 1939 in den eingegliederten Ostgebieten Schutz genossen haben, behalten ihn dort bis auf weiteres nach Maßgabe der Bestimmungen, die am 31. August 1939 für sie gegolten haben, und der seitdem zu deren Ergänzung oder Änderung von der Regierung des Generalgouvernements erlassenen Bestimmungen.

(2) Die Geltendmachung der Rechte vor den Gerichten richtet sich nach den in den eingegliederten Ostgebieten eingeführten Bestimmungen der im übrigen Reichsgebiet geltenden Gesetze. Entscheidungen des Patentsamts in Warschau in Streitsachen, die nicht den Bestand der Rechte betreffen, haben in den eingegliederten Ostgebieten keine Wirkung.

(3) An den Patenten werden für die eingegliederten Ostgebiete Zwangslizenzen nur nach den sinngemäß anzuwendenden Bestimmungen der §§ 15, 37 bis 42 des Patentgesetzes vom 5. Mai 1936 (Reichsgesetzbl. II S. 117) erteilt.

(4) Auf die Patente und Gebrauchsmuster ist § 8 des Patentgesetzes vom 5. Mai 1936 sinngemäß anzuwenden.

Erstreckung von Rechten auf die eingegliederten Ostgebiete.

§ 26. (1) Die deutschen Patente, Gebrauchsmuster, Warenzeichen und eingetragenen Muster und Modelle sowie die im Deutschen Reich geschützten international registrierten Marken und international hinterlegten Muster und Modelle erlangen drei Monate nach dem Inkrafttreten dieser Verordnung in den eingegliederten Ostgebieten insoweit Wirkung, als ihnen dort nicht inhaltsgleiche Rechte entgegenstehen, die nach § 25 Schutz genießen. Das gilt auch für den einstweiligen Patentschutz, der mit der Bekanntmachung der Patentanmeldung eintritt.

(2) War die im Artikel 4 der Pariser Verbandsübereinkunft zum Schutze des gewerblichen Eigentums (Reichsgesetzbl. 1937 II S. 584) bestimmte Prioritätsfrist am 31. August 1939 für ein deutsches Schutzrecht noch nicht abgelaufen, so hebt dieses in den eingegliederten Ostgebieten die Wirkung inhaltsgleicher Rechte der im § 25 bezeichneten Art auf, die einen jüngeren Zeitrang haben.

(3) Die Bestimmungen der Abs. 1, 2 gelten nicht für Schutzrechte, die lediglich in den Reichsgauen der Ostmark, im Reichsgau Sudetenland, in den in die Länder Preußen und Bayern und in die Reichsgaue Niederdonau und Oberdonau eingegliederten sudetendeutschen Gebietsteilen oder im Gebiet der ehemaligen Freien Stadt Danzig Geltung haben.

(4) Erlangen auf Grund des Abs. 1 in den eingegliederten Ostgebieten miteinander verwechselbare und für gleiche oder gleichartige Waren eingetragene Warenzeichen deutschen und ostmärkischen Ursprungs Wirkung, die beide einen Zeitrang vor dem 14. März 1938 oder den gleichen Zeitrang nach dem 13. März 1938 haben, so bedarf es zum Gebrauch des Warenzeichens ostmärkischen Ursprungs der Zustimmung des Inhabers des Warenzeichens deutschen Ursprungs.

Weiterbenutzungsrecht.

§ 27. Die Erstreckung der deutschen Patente, Gebrauchsmuster und eingetragenen Muster und Modelle sowie der im Deutschen Reich geschützten international hinterlegten Muster und Modelle hindert niemand, in den eingegliederten Ostgebieten Handlungen fortzusetzen, die er dort am 31. August 1939 bereits rechtmäßig vorgenommen hatte.

Offenkundige Vorbenutzung in den eingegliederten Ostgebieten.

§ 28. Für alle mit Zeitrang nach dem 31. August 1939 beim Reichspatentamt bewirkten Anmeldungen von Patenten und Gebrauchsmustern rechnen die eingegliederten Ostgebiete zum Inland im Sinne des § 2 Satz 1 des Patentgesetzes vom 5. Mai 1936 und des § 1 Abs. 2 Satz 1 des Gebrauchsmustergesetzes vom 5. Mai 1936 (Reichsgesetzbl. II S. 130).

Patentfreie Benutzung von Fahrzeugen.

§ 29. (1) Auf Einrichtungen an Fahrzeugen und Luftfahrzeugen, die nur vorübergehend aus den eingegliederten Ostgebieten in das übrige Reichsgebiet oder aus diesem in die eingegliederten Ostgebiete gelangen, erstreckt sich die Wirkung der in dem vorübergehend befahrenen Gebiet geltenden Patente und Gebrauchsmuster nicht.

(2) Fahrzeuge, Luftfahrzeuge und andere nicht zu ortsfester Verwendung bestimmte Gegenstände des Reichs, die in den eingegliederten Ostgebieten oder im übrigen Reichsgebiet ohne Verletzung von Patenten

oder Gebrauchsmustern hergestellt oder in Benutzung genommen worden sind, dürfen in dem anderen Gebietsteil auch dann verwendet werden, wenn der Gebrauch dort in einen Patent- oder Gebrauchsmusterschutz eingreift.

Gericht für Patentstreitsachen.

§ 30. Auf Grund des § 51 Abs. 2 des Patentgesetzes vom 5. Mai 1936 werden die Patentstreitsachen für die Oberlandesgerichtsbezirke Danzig, Kattowitz und Posen dem Landgericht Berlin zugewiesen.

Aufbrauchsfrist bei Warenzeichen.

§ 31. Sind Waren, die sich beim Inkrafttreten dieser Verordnung in den eingegliederten Ostgebieten befunden haben, mit einem Warenzeichen versehen, das mit deutschen Warenzeichen oder international registrierten Marken verwechselt werden kann, die nach § 26 in den eingegliederten Ostgebieten Schutz erlangen, so dürfen diese Waren dort noch bis zum Ablauf eines Jahres nach Inkrafttreten dieser Verordnung in der bisherigen Weise abgesetzt werden. Bis dahin dürfen unter den gleichen Voraussetzungen noch mit einem Warenzeichen versehene Verpackungen, Ankündigungen, Preislisten, Geschäftsbriefe, Rechnungen oder dergleichen in der bisherigen Weise aufgebraucht werden.

International registrierte Marken.

§ 32. Die Prüfung der international registrierten Marken durch das Reichspatentamt erfolgt unter Vorbehalt der Rechte, die nach § 25 in den eingegliederten Ostgebieten Schutz genießen.

Siebenter Abschnitt.

Inkrafttreten.

§ 49. Diese Verordnung tritt eine Woche nach der Verkündung*) in Kraft.

4. Zweite Durchführungsverordnung zur Verordnung über die bürgerliche Rechtspflege in den eingegliederten Ostgebieten (Zweite Ost-Rechtspflege-Durchführungsverordnung — 2. ORpflDVO. —).

Vom 6. November 1941 (RGBl. I S. 695).

Auf Grund des § 8 der Verordnung über die bürgerliche Rechtspflege in den eingegliederten Ostgebieten (Ost-Rechtspflege-Verordnung — ORpflVO. — vom 25. September 1941 (Reichsgesetzbl. I S. 597) wird verordnet:

*) Verkündet am 3. 10. 1941.

Erster Abschnitt.

Zum Ersten Buch des Handelsgesetzbuchs (Handelsstand).

Bekanntmachungsblätter.

§ 1. Die Blätter, in denen die Eintragungen in das Handelsregister neben dem Deutschen Reichsanzeiger während des Jahres 1941 bekanntzumachen sind, werden vom Landgerichtspräsidenten bezeichnet, soweit nicht die Gerichte bereits in Anwendung des § 11 des Handelsgesetzbuchs eine Bestimmung getroffen haben.

Güterrechtsverhältnisse von Kaufleuten.

§ 2. (1) Haben die Ehegatten nach den Vorschriften des bisher geltenden Rechts einen Vertrag über ihre güterrechtlichen Verhältnisse (Ehevertrag), der nach den Vorschriften des Bürgerlichen Gesetzbuchs nicht Gegenstand der Eintragung in das Güterrechtsregister ist, geschlossen und ist der Ehemann ein Kaufmann, dessen Firma im Handelsregister eingetragen ist, so können einem Handelsgläubiger gegenüber aus dem Vertrag Einwendungen gegen ein zwischen ihm und dem Ehemann vorgenommenes Rechtsgeschäft oder gegen ein zwischen ihnen ergangenes rechtskräftiges Urteil nur hergeleitet werden, wenn zur Zeit der Vornahme des Rechtsgeschäfts oder zur Zeit des Eintritts der Rechtshängigkeit ein Vermerk über den Ehevertrag in dem Handelsregister des zuständigen Registergerichts eingetragen oder der Ehevertrag dem Handelsgläubiger bekannt war. Der Ehevertrag kann auch nach dem 10. Oktober 1941 mit der aus Satz 1 sich ergebenden Wirkung in das Handelsregister eingetragen werden. Die Ehefrau kann verlangen, daß der Ehemann den Ehevertrag zum Handelsregister anmeldet.

(2) In das Handelsregister sind nur das Datum des eingereichten Ehevertrags oder seiner Änderungen sowie der Name, Vorname, Beruf und Wohnort der Ehefrau einzutragen.

(3) Abs. 1 und 2 gelten auch für Eheverträge, wenn der Ehemann persönlich haftender Gesellschafter einer offenen Handelsgesellschaft oder Kommanditist einer Kommanditgesellschaft ist.

Zweiter Abschnitt.

Handelsgesellschaften und Genossenschaften.

Artikel 1.

Allgemeine Bestimmungen.

§ 3. (1) Für offene Handelsgesellschaften, Kommanditgesellschaften, Aktiengesellschaften, Kommanditgesellschaften auf Aktien, Gesellschaften mit beschränkter Haftung und Erwerbs- und Wirtschaftsgenossenschaften, die vor dem 10. Oktober 1941 in das Handelsregister (Genossenschaftsregister) eingetragen worden sind, gelten die nachstehenden Überleitungsvorschriften, sofern diese Unternehmen nicht bereits nach den Vorschriften des neuen Rechts errichtet worden sind.

(2) Das neue Recht erstreckt sich auch auf Gesellschaften und Genossenschaften im Zustand der Abwicklung.

(3) Bestimmungen der Satzung (des Gesellschaftsvertrags), die mit zwingenden Vorschriften des neuen Rechts unvereinbar sind, treten mit dem 10. Oktober 1941 außer Kraft.

§ 4. Rechtshandlungen auf dem Gebiete des Rechts der Personenhandelsgesellschaften, der Kapitalgesellschaften und der Erwerbs- und Wirtschaftsgenossenschaften, die in der Zeit vom 31. August 1939 bis zum 10. Oktober 1941 in den eingegliederten Ostgebieten vorgenommen worden sind, sind auch dann gültig, wenn sie den Vorschriften des neuen Rechts unmittelbar oder sinngemäß entsprechen. Soweit diese Vorschriften eine Bekanntmachung im Deutschen Reichsanzeiger und in einem anderen Blatt vorsehen, genügt es, wenn die Veröffentlichung in einem in den eingegliederten Ostgebieten erscheinenden Amtsblatt erfolgt ist.

Artikel 2.

Offene Handelsgesellschaften und Kommanditgesellschaften.

Gewinnverteilung.

§ 5. Für Geschäftsjahre, die vor dem 1. Januar 1943 endigen, kann, soweit der Gesellschaftsvertrag nichts anderes bestimmt, jeder Gesellschafter der offenen Handelsgesellschaft und der Kommanditgesellschaft am Schlusse des Geschäftsjahres Zinsen in Höhe von 4 vom Hundert seines Kapitalanteils beanspruchen, auch wenn die Gesellschaft Verluste erlitten hat, sofern die Vorschriften des bisherigen Handelsrechts einen solchen Anspruch vorsehen. Auf den nach Deckung dieser Zinsen verbleibenden Gewinn sind die Vorschriften des Handelsgesetzbuchs über die Gewinnverteilung anzuwenden.

Artikel 3.

Aktiengesellschaften.

Verweisung auf das Einführungsgesetz zum Aktiengesetz.

§ 6. Die Vorschriften des Einführungsgesetzes zum Aktiengesetz vom 30. Januar 1937 (Reichsgesetzbl. I S. 166) über den Vorsitzer des Vorstands, über Mehrstimmrechtsaktien, über Gründerbezugsrechte, über die Nichtigkeit von Hauptversammlungsbeschlüssen und die Nichtigkeit der Gesellschaft, über die Verschmelzung, über Wirtschaftsprüfer, über die Bestimmung der zuständigen Bergbehörden und über die Übertragung von Zuständigkeiten (§ 7 Abs. 1, §§ 9, 12, 14, 15, 29 bis 31 des Einführungsgesetzes zum Aktiengesetz) gelten sinngemäß. Im übrigen finden der Zweite und Vierte Abschnitt des Einführungsgesetzes zum Aktiengesetz keine Anwendung.

Mindestnennbetrag des Grundkapitals.

§ 7. (1) Für Aktiengesellschaften, deren Grundkapital nach der Umstellung (Umstellungsverordnung vom 3. Februar 1941, Reichsgesetzbl. I S. 76) auf Reichsmark weniger als fünfhunderttausend Reichsmark beträgt, gilt der neu festgesetzte, im Falle des § 9 Abs. 1 der Umstellungsverordnung aber der erhöhte Nennbetrag des Grundkapitals als Mindestnennbetrag im Sinne des § 7 Abs. 1 des Aktiengesetzes. Ändern jedoch solche Gesellschaften ihre Verhältnisse wesentlich, nehmen sie namentlich eine wesentliche Änderung des Gegenstands des Unternehmens, ihrer Verfassung oder der Art ihres Geschäftsbetriebs vor, so sind diese Änderungen nur dann in das Handelsregister einzutragen, wenn das Grundkapital spätestens zugleich mit den Änderungen auf fünfhunderttausend Reichsmark erhöht wird[1]).

(2) Der Reichsminister der Justiz kann im Einvernehmen mit dem Reichswirtschaftsminister Ausnahmen zulassen.

Mindestnennbetrag der Aktien.

§ 8. (1) Aktien dürfen, soweit sich nicht aus der Umstellungsverordnung ein anderes ergibt, nur noch nach § 8 des Aktiengesetzes ausgegeben werden.

(2) Für Aktiengesellschaften, die vor dem 10. Oktober 1941 in das Handelsregister eingetragen worden sind, gelten im Sinne der Vorschriften über die Kapitalherabsetzung als Mindestnennbetrag der Aktien der Betrag von einhundert Reichsmark und, soweit Aktien über zwanzig oder fünfzig Reichsmark ausgegeben sind, diese Beträge. Dies gilt nicht für Aktien, die auf einen Nennbetrag von eintausend Reichsmark oder mehr lauten.

Sondervorteile, Gründungsaufwand.

§ 9. (1) Soweit die zugrunde liegenden Rechtsverhältnisse vor dem 10. Oktober 1941 noch nicht abgewickelt waren, sind in die Satzung aufzunehmen:

1. zugunsten einzelner Aktionäre bedungene besondere Vorteile unter Bezeichnung des Berechtigten,
2. der Gesamtaufwand, der zu Lasten der Gesellschaft an Aktionäre oder andere Personen als Entschädigung oder als Belohnung für die Gründung der Gesellschaft oder ihre Vorbereitung zu gewähren ist.

Die Sondervorteile und der Gründungsaufwand sind mit einem Reichsmarkbetrag aufzunehmen, der fünfzig Hundertstel des Betrags in Zloty oder zehn Hundertstel des Betrags in Kronen entspricht.

---

[1]) Siehe Anm. zu § 2 EG. AktG.

(2) Rechtshandlungen zur Ausführung solcher Abkommen dürfen von der Gesellschaft nur noch vorgenommen werden, wenn die Festsetzungen nach Abs. 1 in die Satzung aufgenommen sind. Die Abkommen und die Rechtshandlungen zu ihrer Ausführung sind der Gesellschaft gegenüber unwirksam, wenn die die Festsetzung enthaltende Satzung nicht bis zum 1. August 1942 zur Eintragung in das Handelsregister eingereicht worden ist. Satz 2 gilt nicht, soweit der Berechtigte vor dem 1. August 1942 Klage gegen die Gesellschaft auf Feststellung seiner Rechte und auf Ergänzung der Satzung erhoben hat.

(3) Sind auf den Namen lautende Gründerscheine ausgegeben worden (Artikel 360 des bisher geltenden Gesetzes), so dürfen die daraus Berechtigten an der Verteilung des Reingewinns erst teilnehmen, nachdem den Aktionären vorweg die in der Satzung festgesetzte Mindestdividende gewährt ist. Die Rechte aus den Gründerscheinen erlöschen, sofern nicht ein früherer Zeitpunkt bei ihrer Ausgabe bestimmt ist, spätestens nach Ablauf von fünfundzwanzig Jahren seit der Eintragung der Gesellschaft im Handelsregister.

Einzahlung auf die Aktien.

§ 10. (1) Der vor der Anmeldung einer Aktiengesellschaft zur Eintragung in das Handelsregister eingeforderte Betrag (§ 28 Abs. 2, § 49 Abs. 3 des Aktiengesetzes) kann bis auf weiteres auch in Rentenbankscheinen eingezahlt werden. Dies gilt sinngemäß für die Kapitalerhöhung, die bedingte Kapitalerhöhung und das genehmigte Kapital.

(2) Soweit die Aktionäre vor dem 10. Oktober 1941 mit Zustimmung der Gesellschaft Leistungen auf ihre Einlageschuld zwar nicht in der gesetzlich vorgeschriebenen, aber in wirtschaftlich gleichwertiger Weise erbracht haben, gilt die Leistung als bewirkt; die §§ 19, 20 und 150 des Aktiengesetzes bleiben unberührt. Findet durch diese Vorschrift ein anhängiger Rechtsstreit seine Erledigung, so verteilt das Gericht die Kosten nach billigem Ermessen.

Nutzungsaktien.

§ 11. (1) Die den Inhabern von Nutzungsaktien (Artikel 364 des bisher geltenden Gesetzes) eingeräumten Mitgliedschaftsrechte erlöschen mit dem 10. Oktober 1941.

(2) Die ihnen nach den bisherigen Vorschriften zustehenden Ansprüche auf Teilnahme an der Verteilung des Vermögensüberschusses im Falle der Auflösung der Gesellschaft bleiben als Gläubigerrechte bestehen. Gleiches gilt, soweit den Inhabern der Nutzungsaktien ein Anspruch auf Teilnahme an der Verteilung des Jahresgewinns eingeräumt ist; dabei darf die Dividende, die den Inhabern der nicht eingezogenen Aktien vorweg auszuzahlen ist, nicht auf einen höheren Hundertsatz als 2 vom Hundert über den für den Durchschnitt des Geschäftsjahres sich ergebenden Reichsbankdiskontsatz festgesetzt werden.

Vorratsaktien.

§ 12. (1) § 51 Abs. 1 des Aktiengesetzes über die Aktienübernahme für Rechnung der Gesellschaft oder eines abhängigen Unternehmens gilt auch für solche Rechtsverhältnisse, die vor dem 10. Oktober 1941 begründet worden sind.

(2) Stellt jedoch der Aktionär vor dem 1. April 1942 durch schriftliche Erklärung der Gesellschaft die Aktien unter Aushändigung der dazugehörigen Urkunden zur Verfügung, so wird er von seiner Haftung frei.

(3) Die zur Verfügung gestellten Aktien sind einzuziehen. Die Einziehung geschieht, sobald ein Vorstand nach den Bestimmungen des Aktiengesetzes bestimmt ist, nach den Vorschriften des Aktiengesetzes über die durch die Satzung angeordnete Zwangseinziehung unentgeltlich zur Verfügung gestellter Aktien.

(4) Von der Einziehung kann abgesehen werden, wenn die Aktien bis zum 1. April 1943 veräußert werden. Der Gegenwert muß mindestens dem Nennbetrag der Aktien entsprechen und in Geld deutscher Reichswährung gezahlt werden. Der Vertrag bedarf der Schriftform. Er soll, wenn ein Aufsichtsrat nach den Vorschriften des Aktiengesetzes schon bestellt ist, nur mit seiner Genehmigung geschlossen werden. Die Genehmigung darf nur erteilt werden, wenn der Vorstand dem Aufsichtsrat nachweist, daß der Gegenwert gezahlt und der Vorstand in der Verfügung über den gezahlten Betrag nicht, namentlich nicht durch Gegenforderungen, beschränkt ist. Ein den Nennbetrag der Aktien übersteigender Teil des Gegenwerts ist in die gesetzliche Rücklage einzustellen. Wenn der Vorstand die zur Verfügung gestellten Aktien nicht rechtzeitig veräußert, kann ihn das Registergericht durch Ordnungsstrafen zur Zwangseinziehung anhalten.

Anpassung der Satzung.

§ 13. (1) Liegt die Satzung der Gesellschaft nur in polnischer Sprache vor, hat der Vorstand bis zum 1. Januar 1942 eine deutsche Übersetzung der Satzung zum Handelsregister einzureichen. Die deutsche Übersetzung muß von einem beeidigten Dolmetscher beglaubigt sein. Die Einreichung kann durch Ordnungsstrafen erzwungen werden.

(2) Die Hauptversammlung hat vor dem 1. Juli 1942 über die Anpassung der Satzung an das Aktiengesetz zu beschließen. Für die Änderung der Satzungsbestimmungen über die Höhe des Grundkapitals und die Nennbeträge der einzelnen Aktien gilt die Umstellungsverordnung.

(3) Für den Beschluß der Hauptversammlung über die Anpassung der Satzung an das Aktiengesetz genügt die einfache Mehrheit des bei der Beschlußfassung vertretenen Grundkapitals ohne Rücksicht auf die Stimmenzahl. Eines Sonderbeschlusses der einzelnen Gattungen bedarf es nicht. Dies gilt auch dann, wenn die Satzung etwas anderes bestimmt.

Verfassung.

§ 14. (1) Die Hauptversammlung, die über die Anpassung der Satzung an das Aktiengesetz beschließt, soll gleichzeitig die Mitglieder des Aufsichtsrats und die Abschlußprüfer wählen. Der Aufsichtsrat hat unverzüglich den Vorstand zu bestellen. Dies gilt nicht, wenn die Hauptversammlung bereits nach dem 30. September 1939 nach den Vorschriften des Aktiengesetzes die Mitglieder des Aufsichtsrats und die Abschlußprüfer gewählt und der Aufsichtsrat den Vorstand bestellt hat.

(2) Werden die Mitglieder des Aufsichtsrats und die Abschlußprüfer nicht vor dem 1. Juli 1942 gewählt, so bestellt sie das Registergericht. Für Aktiengesellschaften, bei denen bisher ein Aufsichtsrat nicht bestand, hat das Registergericht einen vorläufigen Aufsichtsrat zu bestellen, wenn die Gesellschaft nicht bis zum 1. Januar 1942 zum Handelsregister angezeigt hat, daß ein Aufsichtsrat nach den Vorschriften des Aktiengesetzes gewählt ist. § 89 und § 136 des Aktiengesetzes gelten sinngemäß.

(3) Das Amt der Revisionskommission erlischt mit dem 10. Oktober 1941. Dies gilt nicht für Aktiengesellschaften, bei denen bisher ein Aufsichtsrat nicht bestand und auch kein Aufsichtsrat nach den Vorschriften des Aktiengesetzes gewählt worden ist; in diesen Fällen hat die Revisionskommission die Rechtsstellung des Aufsichtsrats, bis ein Aufsichtsrat nach Abs. 1, 2 bestellt ist.

(4) Mit der Wahl oder der Bestellung der neuen Mitglieder des Aufsichtsrats nach Abs. 1 und Abs. 2 Satz 1 erlischt das Amt der bisherigen Aufsichtsratsmitglieder. Das Amt des bisherigen Vorstands erlischt mit der Eintragung des ersten nach Abs. 1 bestellten Vorstands.

Stimmrecht nicht voll eingezahlter Aktien.

§ 15. § 114 Abs. 2 des Aktiengesetzes ist auf die vor dem 1. Juli 1942 stattfindenden Hauptversammlungen nicht anzuwenden; das Stimmenverhältnis richtet sich insoweit nach den bisherigen Vorschriften.

Rechnungslegung.

§ 16. Für Jahresabschlüsse, die für frühere Stichtage als den Stichtag der Eröffnungsbilanz nach der Umstellungsverordnung aufgestellt werden, gelten die Vorschriften des Aktiengesetzes und der Ersten Durchführungsverordnung zum Aktiengesetz, jedoch werden die Jahresabschlüsse von der Hauptversammlung festgestellt.

Kapitalbeschaffung und Kapitalherabsetzung. Verschmelzung, Umwandlung.

§ 17. (1) Maßnahmen der Kapitalbeschaffung und der Kapitalherabsetzung sowie Umwandlungen nach dem Aktiengesetz können frühestens gleichzeitig mit der Umstellung nach der Umstellungsverordnung beschlossen und in das Handelsregister eingetragen werden. Verschmelzungen können nicht vorgenommen werden, ehe sich die aufnehmende Gesellschaft nach der Umstellungsverordnung umgestellt hat.

(2) Bis zum 1. Oktober 1942 kann eine Kapitalherabsetzung durch Einziehung entgeltlich erworbener Aktien auch nach den Vorschriften des Aktiengesetzes über die vereinfachte Kapitalherabsetzung vorgenommen werden, wenn die Gesellschaft die Aktien vor dem 10. Oktober 1941 erworben hat. Dabei genügt für den Beschluß über die Herabsetzung des Grundkapitals die einfache Stimmenmehrheit; § 183 des Aktiengesetzes über die Auflösung von Rücklagen und § 186 des Aktiengesetzes über die Beschränkung der Einstellung von Beträgen in die gesetzliche Rücklage gelten nicht.

Anfechtung von Generalversammlungsbeschlüssen.

§ 18. Die Klage auf Anfechtung eines vor dem 10. Oktober 1941 gefaßten Beschlusses der Generalversammlung kann, sofern die Frist zur Erhebung der Klage auf Ungültigkeitserklärung nach den Vorschriften des bisher geltenden Rechts nicht bereits verstrichen ist, nur noch bis zum 30. September 1942 erhoben werden.

Bekanntmachungen.

§ 19. Solange die Satzung einer Aktiengesellschaft keine Bestimmung über die Form der Bekanntmachungen der Gesellschaft trifft, haben die Bekanntmachungen im Deutschen Reichsanzeiger zu geschehen, auch soweit sich dies nicht schon aus § 18 des Aktiengesetzes ergibt. Gleiches gilt, wenn die Satzung für die Bekanntmachungen der Gesellschaft die Veröffentlichung in einem öffentlichen Blatt vorschreibt, jedoch kein im Reichsgebiet erscheinendes Blatt bezeichnet.

Gebühren für Satzungsänderungen.

§ 20. § 35 der Ersten Durchführungsverordnung zum Aktiengesetz vom 29. September 1937 (Reichsgesetzbl. I S. 1026) über Gebühren für Satzungsänderungen ist anzuwenden, wenn die Anpassung der Satzung an das Aktiengesetz vor dem 1. Juli 1942 beschlossen wird.

Kommissarisch verwaltete Gesellschaften.

§ 21. Ist für eine Aktiengesellschaft ein kommissarischer Verwalter nach der Verordnung über die Behandlung von Vermögen der Angehörigen des ehemaligen polnischen Staates vom 17. September 1940 (Reichsgesetzbl. I S. 1270) bestellt, gelten das deutsche Aktienrecht und die Vorschriften dieser Verordnung für die Gesellschaft mit folgenden Maßgaben:

1. Die Befugnisse des Vorstands, des Aufsichtsrats, der Revisionskommission sowie der Hauptversammlung werden von dem kommissarischen Verwalter ausgeübt.
2. Die Anpassung der Satzung an das Aktiengesetz (§ 13 Abs. 2 und 3, § 14 Abs. 1) hat erst nach Aufhebung der kommissarischen Verwaltung, und zwar binnen zwei Monaten, zu erfolgen. Auf Antrag der

Haupttreuhandstelle Ost kann der Reichsminister der Justiz den kommissarischen Verwalter ermächtigen, die Anpassung der Satzung vorzunehmen. In diesem Falle tritt die Anordnung des kommissarischen Verwalters über die Anpassung der Satzung an die Stelle des Beschlusses der Hauptversammlung; die Wahl der Aufsichtsratsmitglieder und der Abschlußprüfer sowie die Bestellung des Vorstands (§ 14 Abs. 1) braucht erst nach Aufhebung der kommissarischen Verwaltung zu erfolgen.

Zulassung ausländischer Aktiengesellschaften.

§ 22. Ausländische Aktiengesellschaften, die am 10. Oktober 1941 einen Gewerbebetrieb in den eingegliederten Ostgebieten ausübten, haben binnen sechs Monaten eine Genehmigung des Reichswirtschaftsministers zur weiteren Zulassung zum Gewerbebetrieb nachzusuchen.

Kommanditgesellschaft auf Aktien.

§ 23. Die Vorschriften dieses Artikels gelten sinngemäß für die Kommanditgesellschaft auf Aktien.

Artikel 4.

Gesellschaften mit beschränkter Haftung.

Mindestnennbetrag des Stammkapitals.

§ 24. Für Gesellschaften mit beschränkter Haftung, deren Stammkapital nach der Umstellung (Umstellungsverordnung vom 3. Februar 1941, Reichsgesetzbl. I S. 76) weniger als zwanzigtausend Reichsmark beträgt, gilt der neu festgesetzte Nennbetrag des Stammkapitals als Mindestnennbetrag im Sinne des § 5 Abs. 1 des Gesetzes, betreffend die Gesellschaften mit beschränkter Haftung. Ändern jedoch solche Gesellschaften ihre Verhältnisse wesentlich, nehmen sie namentlich eine wesentliche Änderung des Gegenstands des Unternehmens, ihrer Verfassung oder der Art des Geschäftsbetriebs vor, so sind diese Änderungen nur dann in das Handelsregister einzutragen, wenn das Stammkapital spätestens gleichzeitig mit den Änderungen auf zwanzigtausend Reichsmark erhöht wird[2]).

Zuzahlungen der Gesellschafter.

§ 25. Auf Zuzahlungen, zu denen der Gesellschaftsvertrag die Gesellschafter nach Artikel 178 des bisher geltenden Gesetzes verpflichtet, sind die Vorschriften des Gesetzes, betreffend die Gesellschaften mit beschränkter Haftung, über die beschränkte Nachschußpflicht anzuwenden.

Anpassung des Gesellschaftsvertrags.

§ 26. (1) Die Gesellschafterversammlung hat vor dem 1. Juli 1942 über die Anpassung des Gesellschaftsvertrags an das Gesetz, betreffend

---

[2]) Siehe Anm. zu § 2 EG. AktG.

die Gesellschaften mit beschränkter Haftung, zu beschließen. Für den Beschluß genügt die einfache Mehrheit der abgegebenen Stimmen, auch wenn der Gesellschaftsvertrag eine größere Mehrheit vorschreibt. Die zur Anpassung des Gesellschaftsvertrags ordnungsmäßig einberufene Gesellschafterversammlung ist ohne Rücksicht auf die Zahl der vertretenen Geschäftsanteile beschlußfähig.

(2) Abs. 1 Satz 2, 3 gelten nicht, soweit durch den Beschluß der Gesellschafterversammlung den Gesellschaftern neue Leistungen auferlegt oder bestehende Verpflichtungen der Gesellschafter erweitert werden.

(3) Für die Änderung der Bestimmungen des Gesellschaftsvertrags über die Höhe des Stammkapitals und die Nennbeträge der Geschäftsanteile gilt die Umstellungsverordnung.

(4) § 13 Abs. 1 dieser Verordnung gilt für die Gesellschaft mit beschränkter Haftung sinngemäß.

Geschäftsführer.

§ 27. Die nach den Vorschriften des bisher geltenden Gesetzes bestellten Mitglieder des Vorstands haben die Rechtsstellung der Geschäftsführer.

Rechnungslegung.

§ 28. Für Jahresabschlüsse, die für frühere Stichtage als den Stichtag der Eröffnungsbilanz nach der Umstellungsverordnung aufgestellt werden, gelten die Vorschriften des Gesetzes, betreffend die Gesellschaften mit beschränkter Haftung.

Kapitalerhöhungen und Kapitalherabsetzungen.

§ 29. Kapitalerhöhungen und Kapitalherabsetzungen können frühestens gleichzeitig mit der Umstellung nach der Umstellungsverordnung beschlossen und in das Handelsregister eingetragen werden.

Bekanntmachungen, Einberufung der Gesellschaftsversammlung.

§ 30. (1) Soweit das Gesetz einer Gesellschaft mit beschränkter Haftung Bekanntmachungen in einem öffentlichen Blatt auferlegt, haben diese in den für die Bekanntmachungen des Registergerichts neben dem Deutschen Reichsanzeiger bestimmten Blättern zu geschehen, solange der Gesellschaftsvertrag kein öffentliches Blatt oder nur ein außerhalb des Reichsgebiets erscheinendes Blatt bezeichnet.

(2) Die Einberufung der Gesellschafterversammlung hat in den für die Bekanntmachungen des Registergerichts neben dem Deutschen Reichsanzeiger bestimmten Blättern zu geschehen, wenn der Gesellschaftsvertrag für die Einberufung die Bekanntmachung in einem öffentlichen Blatt vorsieht, jedoch kein im Reichsgebiet erscheinendes Blatt bezeichnet.

Gebühren für Änderungen des Gesellschaftsvertrags.

§ 31. § 20 dieser Verordnung gilt für die Gesellschaft mit beschränkter Haftung sinngemäß.

Kommissarisch verwaltete Gesellschaften.

§ 32. Ist für eine Gesellschaft mit beschränkter Haftung ein kommissarischer Verwalter nach der Verordnung über die Behandlung von Vermögen der Angehörigen des ehemaligen polnischen Staates vom 17. September 1940 (Reichsgesetzbl. I S. 1270) bestellt, gelten die Vorschriften des Gesetzes, betreffend die Gesellschaften mit beschränkter Haftung, und die Vorschriften dieser Verordnung für die Gesellschaft mit folgenden Maßgaben:

1. Die Befugnisse der Geschäftsführer, der Gesellschafterversammlung, des Aufsichtsrats und der Revisionskommission werden von dem kommissarischen Verwalter ausgeübt.
2. Die Anpassung des Gesellschaftsvertrags an das Gesetz, betreffend die Gesellschaften mit beschränkter Haftung (§ 26 Abs. 1 bis 3), hat erst nach Aufhebung der kommissarischen Verwaltung, und zwar binnen zwei Monaten, zu erfolgen. Auf Antrag der Haupttreuhandstelle Ost kann der Reichsminister der Justiz den kommissarischen Verwalter ermächtigen, die Anpassung des Gesellschaftsvertrags vorzunehmen. In diesem Falle tritt die Anordnung des kommissarischen Verwalters über die Anpassung des Gesellschaftsvertrags an die Stelle des Beschlusses der Gesellschafterversammlung.

Zulassung ausländischer Gesellschaften mit beschränkter Haftung.

§ 33. § 22 dieser Verordnung gilt für die Gesellschaft mit beschränkter Haftung sinngemäß.

Artikel 5.

Erwerbs- und Wirtschaftsgenossenschaften.

Anlegung der Liste der Genossen.

§ 34. (1) Die Genossenschaften haben bis zum 1. Januar 1942 eine Abschrift der von ihnen geführten Liste der Genossen dem für die Führung des Genossenschaftsregisters zuständigen Gericht zum Zwecke der Anlegung der gerichtlichen Liste der Genossen vorzulegen. In die Abschrift sind nur die Genossen aufzunehmen, die der Genossenschaft am 10. Oktober 1941 angehört haben. Die Abschrift ist in zwei Stücken vorzulegen.

(2) Die Mitglieder des Vorstands sind vom Gericht durch Ordnungsstrafen zur Erfüllung dieser Verpflichtung anzuhalten.

(3) Bei der Anlegung der gerichtlichen Liste hat das Gericht in den Spalten 2 und 5 des durch die Verordnung über das Genossenschaftsregister vorgeschriebenen Vordrucks als Tag der Eintragung den Zeitpunkt zu vermerken, der sich aus der von der Genossenschaft geführten Liste als Zeitpunkt des Erwerbs der Mitgliedschaft oder der weiteren Geschäftsanteile ergibt. Auf der Außenseite des Vordrucks ist der Tag anzugeben, an dem die gerichtliche Liste der Genossen angelegt ist.

(4) Von der Eintragung in die gerichtliche Liste hat das Gericht die Genossen zu benachrichtigen. Dem Vorstand der Genossenschaft ist ein Stück der Abschrift zurückzugeben und dabei zu vermerken, daß die in der Abschrift verzeichneten Genossen in die gerichtliche Liste eingetragen sind. Trägt das Gericht einzelne Genossen nicht in die Liste ein, so hat es hierauf in seinem Vermerk unter Angabe der Gründe hinzuweisen.

Wirkung der Eintragung, Wiederspruchsverfahren.

§ 35. (1) Durch die Eintragung in die gerichtliche Liste der Genossen wird die Mitgliedschaft des Eingetragenen auch dann begründet, wenn die Mitgliedschaft nicht ordnungsmäßig erworben worden ist oder wenn sie bei der Anlegung der Liste bereits wieder beendet war. Einwendungen gegen die Eintragung können nur durch Widerspruch beim Gericht geltend gemacht werden.

(2) Der Widerspruch ist innerhalb eines Monats seit Zugang der Benachrichtigung (§ 34 Abs. 4) geltend zu machen. Das Gericht hat den Widerspruch in der Liste der Genossen zu vermerken und von dem Vermerk den Eingetragenen und die Genossenschaft zu benachrichtigen.

(3) Über den Widerspruch entscheidet das Prozeßgericht. Die Klage auf Feststellung, daß der Widerspruch unbegründet sei, kann nur vom Vorstand der Genossenschaft und nur innerhalb eines Monats seit Zugang der Benachrichtigung nach Abs. 2 Satz 2 erhoben werden.

(4) Wird der Widerspruch rechtskräftig als unbegründet festgestellt oder nimmt der Eingetragene den Widerspruch zurück, so ist der Vermerk über den Widerspruch in der Liste der Genossen auf Antrag des Vorstands zu löschen. Erhebt der Vorstand nicht fristgemäß Klage nach Abs. 3 oder nimmt er die Klage zurück oder wird die Klage rechtskräftig abgewiesen, so hat das Gericht die Eintragung als Mitglied von Amts wegen zu löschen.

(5) Die Erhebung der Klage ist vom Vorstand, ihre Zurückweisung oder Abweisung von dem Eingetragenen dem Gericht nachzuweisen.

Verlust der Mitgliedschaft.

§ 36. (1) Eine vor dem 10. Oktober 1941 ausgesprochene Kündigung einzelner Geschäftsanteile (Teilkündigung) ist unwirksam, wenn der Zeitpunkt, zu dem sie nach den Vorschriften des bisherigen Rechts Wirksamkeit erlangt hätte, nach dem 10. Oktober 1941 liegt.

(2) Auch im übrigen sind das Ausscheiden aus der Genossenschaft und die daraus sich ergebenden Rechte und Pflichten nach den Vorschriften des Genossenschaftsgesetzes zu beurteilen, wenn das Ausscheiden nach den bisherigen Vorschriften erst zu einem Zeitpunkt wirksam geworden wäre, der nach dem 10. Oktober 1941 liegt.

Ausschließung von Genossen.

§ 37. Ein Genosse kann aus der Genossenschaft auch ausgeschlossen werden, wenn er seinen Wohnsitz aus dem Gebiet des Großdeutschen Reichs in seinem jetzigen Umfang nach dem 31. August 1939 verlegt hat.

Zuzahlungen der Genossen.

§ 38. (1) Zuzahlungen, die vor dem 10. Oktober 1941 nach Artikel 58 des bisher geltenden Gesetzes festgesetzt worden sind, dürfen von den Genossen nur noch eingezogen werden, wenn am 10. Oktober 1941 bereits mit ihrer Einziehung begonnen war.

(2) Zuzahlungen, die die Genossen nach Artikel 58 des bisher geltenden Gesetzes geleistet haben, dürfen im Konkurs der Genossenschaft nicht mehr auf die Haftpflicht angerechnet werden.

Anpassung des Statuts.

§ 39. (1) Liegt das Statut der Genossenschaft nur in polnischer Sprache vor, so hat der Vorstand bis zum 1. Januar 1942 eine deutsche Übersetzung des Statuts zum Genossenschaftsregister einzureichen. Die deutsche Übersetzung muß von einem beeidigten Dolmetscher beglaubigt sein. Die Einreichung kann durch Ordnungsstrafen erzwungen werden.

(2) Die Generalversammlung hat vor dem 1. Juli 1942 über die Anpassung des Statuts an das Genossenschaftsgesetz zu beschließen. Für die Änderung der Bestimmungen des Statuts über die Höhe des Geschäftsanteils und der Haftsumme gilt die Umstellungsverordnung.

(3) Für den Beschluß der Generalversammlung über die Anpassung des Statuts an das Genossenschaftsgesetz genügt die einfache Stimmenmehrheit, auch wenn das Statut eine größere Mehrheit vorschreibt. Die zur Anpassung des Statuts ordnungsmäßig einberufene Generalversammlung ist ohne Rücksicht auf die Zahl der erschienenen Genossen beschlußfähig.

Rechnungslegung.

§ 40. Für Jahresabschlüsse, die für frühere Stichtage als den Stichtag der Eröffnungsbilanz nach der Umstellungsverordnung aufgestellt werden, gelten die Vorschriften des Genossenschaftsgesetzes.

Bekanntmachungen, Einberufung der Generalversammlung.

§ 41. (1) Erscheint die Zeitung, welches das Statut für die Bekanntmachungen der Genossenschaft bezeichnet, nicht mehr oder erscheint sie außerhalb des Reichsgebiets, so haben die Bekanntmachungen der Genossenschaft in den für die Bekanntmachung der Eintragungen in das Handelsregister neben dem Deutschen Reichsanzeiger bestimmten Blättern zu geschehen.

(2) Die Einberufung der Generalversammlung hat in den für die Bekanntmachungen des Registergerichts neben dem Deutschen Reichsanzeiger bestimmten Blättern zu geschehen, wenn das Statut für die Einberufung die Bekanntmachung in einem öffentlichen Blatt vorsieht, jedoch kein im Reichsgebiet erscheinendes Blatt bezeichnet.

Verbandsfreie Genossenschaften.

§ 42. (1) Gehört eine Genossenschaft keinem Prüfungsverband an, so hat sie binnen drei Monaten seit dem 10. Oktober 1941 dem Gericht den Erwerb der Mitgliedschaft bei einem solchen Verband nachzuweisen.

(2) Wird der Nachweis nicht fristgemäß erbracht, so hat das Gericht nach Anhörung des Vorstands von Amts wegen die Auflösung der Genossenschaft auszusprechen.

Kommissarisch verwaltete Genossenschaften.

§ 43. Ist für eine Genossenschaft ein kommissarischer Verwalter nach der Verordnung über die Behandlung von Vermögen der Angehörigen des ehemaligen polnischen Staates vom 17. September 1940 (Reichsgesetzbl. I S. 1270) bestellt, gelten das deutsche Genossenschaftsrecht und die Vorschriften dieser Verordnung für die Genossenschaft mit folgenden Maßgaben:

1. Die Befugnisse des Vorstands, des Aufsichtsrats und der Generalversammlung werden von dem kommissarischen Verwalter ausgeübt.
2. Die Anpassung des Statuts an das Genossenschaftsgesetz (§ 39 Abs. 2 und 3) hat erst nach Aufhebung der kommissarischen Verwaltung, und zwar binnen sechs Monaten, zu erfolgen. Auf Antrag der Haupttreuhandstelle Ost kann der Reichsminister der Justiz den kommissarischen Verwalter ermächtigen, die Anpassung des Statuts vorzunehmen. In diesem Falle tritt die Anordnung des kommissarischen Verwalters über die Anpassung des Statuts an die Stelle des Beschlusses der Generalversammlung.
3. Die Anlegung der Liste der Genossen (§§ 34, 35) hat erst nach Aufhebung der kommissarischen Verwaltung, und zwar binnen drei Monaten, zu erfolgen; dabei sind in die Abschrift der Liste der Genossen (§ 34 Abs. 1) nur die Genossen aufzunehmen, die der Genossenschaft bei Aufhebung der kommissarischen Verwaltung angehört haben.
4. Nach dem 10. Oktober 1941 können, solange die Genossenschaft kommissarisch verwaltet wird, neue Mitglieder nicht beitreten und die Genossen weder weitere Geschäftsanteile erwerben noch ihre Mitgliedschaft kündigen oder ihr Geschäftsguthaben auf einen anderen übertragen.

Dritter Abschnitt.

Versicherungsrecht.

§ 44 (nicht abgedruckt).

Vierter Abschnitt.

Schlußvorschriften.

Ermächtigung.

§ 45. Der Reichsminister der Justiz ist ermächtigt, weitere Überleitungsvorschriften zu erlassen; er kann die in dieser Verordnung getroffenen Überleitungsvorschriften ändern oder abweichende Vorschriften treffen. Er kann auch sonst diese Verordnung oder die handelsrechtlichen Gesetze ergänzende Vorschriften erlassen. Von den Vorschriften dieser Verordnung kann er Ausnahmen zulassen.

Inkrafttreten.

§ 46. Diese Verordnung tritt eine Woche nach der Verkündung[3] in Kraft.

5. Verordnung über die Einführung der Verordnung über Preisbindungen in den eingegliederten Ostgebieten.

Vom 3. April 1941 (RGBl. I S. 190).

Abgedruckt auf S. 1549.

6. Zweite Verordnung über die Preisbildung in den eingegliederten Ostgebieten.

Vom 24. September 1941 (RGBl. I S. 596).

Auf Grund der Verordnung zur Durchführung des Vierjahresplans vom 18. Oktober 1936 (Reichsgesetzbl. I S. 887) wird verordnet:

Art. 1. Der § 1 der Verordnung über die Preisbildung in den eingegliederten Ostgebieten vom 20. Januar 1940 (Reichsgesetzbl. I) S. 210)*) erhält folgende Fassung:

„§ 1.

Das Gesetz zur Durchführung des Vierjahresplans — Bestellung eines Reichskommissars für die Preisbildung — vom 29. Oktober 1936 (Reichsgesetzbl. I S. 927) ist im Reichsgau Danzig-Westpreußen, im Reichsgau Wartheland und in den Regierungsbezirken Zichenau und Kattowitz sowie den übrigen in die Provinzen Ostpreußen und Oberschlesien eingegliederten ehemaligen polnischen Gebietsteilen sinngemäß anzuwenden."

Art. 2. Diese Verordnung gilt mit Wirkung vom 23. Januar 1940 ab

---

[3]) Verkündet am 12. 11 1941.

*) Abgedruckt unter J VI 10 S. 1432.

7. Verordnung zur Sicherung des geordneten Aufbaus der Wirtschaft der eingegliederten Ostgebiete (Aufbauverordnung) in der Fassung der Bekanntmachung vom 11. Oktober 1941 (RGBl. I S. 638).

§ 1. (1) Natürliche und juristische Personen dürfen nur mit Genehmigung

a) in den eingegliederten Ostgebieten belegene Unternehmungen oder Betriebe oder Anteilsrechte an ihnen durch Rechtsgeschäft unter Lebenden erwerben oder sich sonst an ihnen beteiligen,

b) Unternehmungen, Betriebe, Zweigbetriebe, Auslieferungsläger, Kommissionsläger, Annahmestellen in den eingegliederten Ostgebieten errichten oder sie innerhalb der eingegliederten Ostgebiete, in die eingegliederten Ostgebiete oder aus den eingegliederten Ostgebieten verlegen,

c) die Leistungsfähigkeit in den eingegliederten Ostgebieten belegener Unternehmungen oder Betriebe erweitern oder den Geschäftsbetrieb bestehender Handelsunternehmungen auf eine andere Handelsstufe ausdehnen,

d) in den eingegliederten Ostgebieten belegene landwirtschaftliche oder forstwirtschaftliche Grundstücke oder dingliche Rechte, die zum Genuß der Erzeugnisse eines solchen Grundstücks berechtigen, durch Rechtsgeschäfte unter Lebenden erwerben. Der Genehmigung bedarf auch jede Vereinbarung, welche die Verpflichtung zur Übereignung eines solchen Grundstücks oder den Genuß seiner Erzeugnisse zum Gegenstand hat. Wird das Verpflichtungsgeschäft genehmigt, so gilt die Genehmigung auch für das dem Verpflichtungsgeschäft entsprechende Erfüllungsgeschäft.

(2) Unter Erwerb einer Unternehmung oder eines Betriebes im Sinne des Abs. 1 unter Buchst. a ist jede Vereinbarung zu verstehen, welche die — insbesondere auch pachtweise — Übernahme einer Unternehmung oder eines Betriebes zum Gegenstand hat; die Vorschriften über den Erwerb von Anteilsrechten finden auf den Erwerb der Mitgliedschaft bei einer Genossenschaft keine Anwendung.

(3) Die Vorschrift des Abs. 1 unter Buchst. a gilt auch für den Abschluß von Vorverträgen sowie für den Abschluß aller Rechtsgeschäfte, durch welche unmittelbar oder mittelbar der bestimmende wirtschaftliche Einfluß auf in den eingegliederten Ostgebieten belegene Unternehmungen oder Betriebe erlangt wird oder erlangt werden soll.

(4) Beim Erwerb eines in den eingegliederten Ostgebieten belegenen landwirtschaftlichen oder forstwirtschaftlichen Grundstücks im Wege der Zwangsversteigerung bedarf das Gebot der Genehmigung. Die Vorschrift des § 71 des Zwangsversteigerungsgesetzes findet Anwendung. In den Fällen des § 81 Abs. 2 und 3 des Zwangsversteige-

rungsgesetzes darf der Zuschlag an einen anderen als den Meistbietenden nur erteilt werden, wenn dieser andere die Genehmigung beigebracht hat.

(5) Versicherungsunternehmungen dürfen nur mit Genehmigung ihren Geschäftsbetrieb auf die eingegliederten Ostgebiete ausdehnen oder Versicherungsbestände aus diesen Gebieten von anderen Versicherungsunternehmungen übernehmen.

§ 2. Die für die eingegliederten Ostgebiete zuständigen Reichsstatthalter und Oberpräsidenten können für die ihnen unterstehenden Gebiete bestimmen, daß natürliche und juristische Personen nur mit Genehmigung Handelsvertreter oder Handlungsreisende, die in diesem Gebiet nicht ansässig sind, zur Entgegennahme oder Vermittlung von Aufträgen in dieses Gebiet entsenden oder Aufträge aus dem Gebiet durch Handelsvertreter oder Handlungsreisende außerhalb des Gebiets entgegennehmen dürfen. Bestimmungen dieser Art sind im Deutschen Reichsanzeiger und Preußischen Staatsanzeiger zu verkünden.

§ 3. (1) Genehmigungen (§§ 1 und 2) werden von den örtlich zuständigen Reichsstatthaltern oder Oberpräsidenten oder der von ihnen bestimmten Stelle erteilt; sie können unter Bedingungen, mit Auflagen oder befristet, jedoch nicht unter dem Vorbehalt des Widerrufs erteilt werden. Die Genehmigungen sind gebührenfrei.

(2) Die zuständige Oberste Reichsbehörde kann im Verwaltungswege bestimmen, daß Genehmigungen in bestimmten Wirtschaftszweigen oder in bestimmten Fällen gemäß den von ihr erlassenen Richtlinien erteilt werden oder ihrer Zustimmung bedürfen.

(3) Die Wirksamkeit der im § 1 genannten Rechtsgeschäfte hängt von der Genehmigung der zuständigen Stelle ab. Die Genehmigung ist binnen eines Monats zu beantragen. Wird die Genehmigung nicht binnen eines Monats beantragt, so ist sie zu verweigern. Die zuständige Stelle kann jedoch verspätet eingegangene Anträge nachträglich zulassen, wenn dies zur Vermeidung einer unbilligen Härte oder aus volkswirtschaftlichen Gründen geboten erscheint; hinsichtlich derjenigen Rechtsgeschäfte, bei denen die Monatsfrist am 20. Oktober 1941 bereits verstrichen ist, gilt dies jedoch nur, soweit keiner der Beteiligten der nachträglichen Zulassung widerspricht.

(4) Die Vorschriften der Verordnung über die Behandlung von Vermögen der Angehörigen des ehemaligen polnischen Staates vom 17. September 1940 (Reichsgesetzbl. I S. 1270), insbesondere des § 22 Abs. 3, bleiben unberührt.

§ 4. (1) Die für die eingegliederten Ostgebiete zuständigen Reichsstatthalter und Oberpräsidenten oder die von ihnen bestimmten Stellen können im Benehmen mit der Haupttreuhandstelle Ost oder den von ihr bestimmten Stellen in den eingegliederten Ostgebieten belegene Betriebe und Betriebsabteilungen vorübergehend oder dauernd stillegen, wenn das Gemeinwohl es erfordert. Wegen eines hierdurch entstandenen

Vermögensschadens wird eine Entschädigung, soweit etwas anderes nicht bestimmt wird, nicht gewährt. Der Rechtsweg ist ausgeschlossen.

(2) Die Vorschrift des § 3 Abs. 2 findet entsprechende Anwendung.

§ 5. (1) Wer den Beschränkungen des § 1 dieser Verordnung oder der auf Grund des § 2 erlassenen Bestimmungen, einer Auflage (§ 3 Abs. 1) oder einer angeordneten Betriebsstillegung (§ 4) zuwiderhandelt, kann durch polizeilichen Zwang zu ihrer Beachtung angehalten werden. Er wird mit Gefängnis und Geldstrafe oder einer dieser Strafen bestraft.

(2) Die Strafverfolgung tritt nur auf Antrag des Reichsstatthalters oder Oberpräsidenten ein; der Antrag kann zurückgenommen werden.

(3) Wird der Antrag auf Strafverfolgung nicht gestellt oder wird er zurückgenommen, so kann der Reichsstatthalter oder der Oberpräsident eine Ordnungsstrafe bis zu 100000 Reichsmark festsetzen. Soweit die Reichsstatthalter und Oberpräsidenten die Genehmigungsbefugnis (§ 3) auf die Regierungspräsidenten oder auf die untere Verwaltungsbehörde übertragen haben, können sie auch das Recht zur Festsetzung einer Ordnungsstrafe auf die Regierungspräsidenten übertragen.

(4) Ordnungsstrafen werden von den Finanzämtern nach den Vorschriften der Reichsabgabenordnung und den zu ihrer Durchführung ergangenen oder noch ergehenden Vorschriften beigetrieben.

§ 6. Genehmigungen nach dieser Verordnung ersetzen nicht die nach sonstigen Vorschriften erforderlichen Genehmigungen, Erlaubnisse, Befreiungen und Einwilligungen.

§ 7. Diese Verordnung tritt mit Ablauf des 31. Dezember 1942 außer Kraft.

§ 8. Der Reichswirtschaftsminister, der Reichsminister für Ernährung und Landwirtschaft, der Reichsverkehrsminister, der Reichsminister für Volksaufklärung und Propaganda und der Reichsforstmeister können für ihren Geschäftsbereich die zur Durchführung dieser Verordnung erforderlichen Rechts- und Verwaltungsvorschriften erlassen, die Verordnung ganz oder teilweise außer Kraft setzen oder ihre Geltungsdauer verlängern. Sie können Zweifelsfragen im Verwaltungswege klären.

§ 9. Diese Verordnung gilt auch im Gebiet der bisherigen Freien Stadt Danzig.

K. Kriegsrecht.

1. Dritte Verordnung über weitere Maßnahmen auf dem Gebiet des Handelsrechts während des Krieges.

Vom 13. Juni 1941 (RGBl. I S. 318).

Auf Grund der Verordnung über weitere Maßnahmen auf dem Gebiet des Handelsrechts während des Krieges vom 4. Oktober 1940 (Reichsgesetzbl. I S. 1337) wird verordnet:

Die Bestimmungen des § 45 Abs. 1 bis 7 des Aktiengesetzes gelten außer den Fällen des § 45 Abs. 8 des Aktiengesetzes nicht für einzelne Gesellschaften, die der Reichsminister der Justiz bestimmt.

2. Verordnung zur Ergänzung der Vertragshilfeverordnung.*)

Vom 3. November 1941. (RGBl. I S. 684).

Auf Grund des § 36 der Vertragshilfeverordnung vom 30. Nov. 1939 (Reichsgesetzbl. I S. 2329) wird verordnet:

Die Vertragshilfeverordnung vom 30. November 1939 wird wie folgt geändert:

1. § 30 Abs. 2 Satz 2 erhält folgende Fassung:

   „Die Hemmung endigt sechs Monate nach dem Wegfall des Grundes, auf dem sie beruht."

2. In § 31 Abs. 1 wird folgende Nr. 3 eingefügt:

   „3. für die Fristen, innerhalb deren Zins-, Renten- und Gewinnanteilscheine auf den Inhaber dem Aussteller zur Einlösung vorzulegen sind. Diese Fristen sind auch zugunsten anderer als der im § 30 Abs. 1 genannten Personen gehemmt, wenn sie durch die Auswirkungen des Krieges gehindert sind, die Scheine vorzulegen."

3. § 31 erhält folgenden Abs. 4:

   „(4) Abs. 1 gilt nicht für die in den §§ 152, 153 der Reichskonkursordnung vorgesehene Ausschlußfrist."

4. § 32 erhält folgenden Abs. 2:

   „(2) Die während der Geltungsdauer des Artikels 8 der Verordnung vom 1. September 1939 (Reichsgesetzbl. I S. 1656) eingetretene Hemmung der Verjährungsfristen und ähnlicher Fristen gilt nicht für Fristen, die ohne diese Hemmung am 31. Dezember 1941 oder später ablaufen würden. Die Vorschriften der §§ 30, 31 bleiben unberührt."

*) Abgedruckt unter K 6.

3. Änderungen und Ergänzungen der Eisenbahn-Verkehrsordnung vom 8. September 1938 im Kriege.

Zu § 25.

§ 25 Abs. 1 hat mit Wirkung vom 15. 7. 1941 (VO. v. 2. 7. 1941 — RGBl. II S. 235) folgende Fassung:

„(1) Der Reisende kann als Reisegepäck Gegenstände aufgeben, die für seinen Gebrauch bestimmt sind und in Reisekoffern, Reisekörben, Reisetaschen, Reisesäcken, Rucksäcken, Hutschachteln, handlichen Kisten oder dergleichen verpackt sind. Der Tarif kann Einschränkungen vorsehen."

Zu § 56.

§ 56 Abs. 1 d hat mit Wirkung vom 1. 1. 1942 (VO. v. 20. 11. 1941 — RGBl. II S. 383) folgende Fassung:

„Bei Stückgut:

Anzahl, Art der Verpackung sowie Buchstaben (Zeichen) und Nummer, mit denen die Versandstücke versehen sind."

Zu § 62.

§ 62 Abs. 7 hat mit Wirkung vom 1. 1. 1942 (VO. v. 20. 11. 1941 — RGBl. II S. 383) folgende Fassung:

„(7) Der Absender hat die Stückgüter übereinstimmend mit den Angaben im Frachtbrief zu bezeichnen. Die Bezeichnung muß deutlich und haltbar sein. Sie muß enthalten: Versand- und Bestimmungsbahnhof, die Anschriften des Absenders und Empfängers, Buchstaben (Zeichen) und Nummer, sowie den Tag der Aufgabe. Ist die Sendung mit Nachnahme belastet, so ist bei jedem Stück über der Anschrift des Empfängers der Nachnahmebetrag der ganzen Sendung (volle Reichsmarkbeträge in Buchstaben) zu vermerken und außerdem in Rot ein gleichschenkliges Dreieck mit der Spitze nach oben anzubringen. Der Tarif kann weitere Bedingungen vorschreiben. Alle Anschriften und Zettel hat der Absender zu entfernen oder deutlich zu durchstreichen."

4. Verordnung zur Änderung des Patentgesetzes.

Vom 23. Oktober 1941 (RGBl. II S. 372).

Auf Grund gesetzlicher Ermächtigung wird mit Zustimmung des Beauftragten für den Vierjahresplan und des Oberkommandos der Wehrmacht verordnet:

§ 1. Im § 37 des Patentgesetzes vom 5. Mai 1936 (Reichsgesetzbl. II S. 117) fällt der dritte Absatz weg.

§ 2. (1) Ist beim Inkrafttreten dieser Verordnung ein Verfahren zur Erklärung der Nichterstreckung eines Patents auf die Reichsgaue der Ostmark oder auf den Reichsgau Sudetenland nach § 4 der Verordnung über das Patent- und Gebrauchsmarkenrecht aus Anlaß der Wiedervereinigung der Ostmark mit dem Deutschen Reich vom 27. Juli 1940 (Reichsgesetzbl. I S. 1050) oder nach § 4 der Verordnung über das Patent- und Gebrauchsmusterrecht im Reichsgau Sudetenland vom 17. März 1941 (Reichsgesetzbl. I S. 144) anhängig, so wird es auf Antrag in ein Verfahren zur Erklärung der Nichtigkeit des Patents nach den §§ 37 bis 40 des Patentgesetzes übergeleitet.

(2) Der Antrag ist schriftlich innerhalb von drei Monaten nach Inkrafttreten dieser Verordnung an das Reichspatentamt zu richten. Mit dem Antrage ist eine Ergänzungsgebühr von 20 Reichsmark zu zahlen; wird sie nicht gezahlt, so gilt der Antrag als nicht gestellt.

§ 3. (1) Diese Verordnung tritt am siebenten Tage nach ihrer Verkündung*) in Kraft.

(2) Die Bestimmung im § 1 berührt die Patente nicht, die bereits vor Inkrafttreten der Verordnung erloschen sind.

*) Verkündet am 31. 12. 1941.

FSC
www.fsc.org
MIX
Papier | Fördert
gute Waldnutzung
FSC® C083411

Kolibri 360 GmbH
Ferdinand-Jühlke-Straße 7
99095 Erfurt, Deutschland
produktsicherheit@kolibri360.de